JN041192

やめると人生ラクになる

70歳を越えたら やめたい 100のこと

中山庸子

アスコム

はじめに

70歳からは、新しい幸せのために明るくやめよう

ここまで年を重ねてきました。

いっぱいいしんどい思いもしたし、あれこれ悩んで、時には泣いたり笑ったりムカついたりと喜怒哀楽てんこ盛り。そんな中で、がんばる自分とがんばれない自分の間を何度となく行ったり来たり、を繰り返して、気づいたらなんと70歳。

「ここまでたどりついたのすごくない？　自分、意外にえらくない？」

これからは、もうちょっと自分ファーストでもいいのかな、なんて勝手に思う今日この頃です。

例えばの話、もう「これは遠慮して後回し」とか言ってる年齢じゃないし、「好きじゃないけれど今後のために」なんてことは、やめてもいい立場なんじゃ

ないかな。

そう、したくないことや嫌いなもの、うんざりするすべてをみんなやめて、自分にとって「これやってみたい」という「幸せな時間」や「身の回り好きなものだけ」という「幸せな空間」を作り出す。

そうなんです。

明るくやめれば、新しい幸せが作れるんです。


ここまで読んで「あら、このナカヤマさんて、なんだか妙にポジティブな人。70からの現実なんてそんなに甘くないわよ」と思われた方、まあ、もう少しだけ私の話にお付き合いください。

ポジティブで元気と言われることが多かった私ですが、この年齢近辺の多くの人が遭遇する介護も、人並みに体験しました。父の場合は、中距離介護。実家は群馬なので、日帰りも可能だったし母がまだ介護できたから、私は二番手で済みました。とはいえ、父のアルツハイマーの症状が進んでからは大変でした。

ひとり暮らしになった母の場合は、我が家に引き取ってしばらく同居したけれど、都会の狭い三階建ての階段移動ができなくなり、歩いて数分の仕事場マンションの隣室に母を移して、介護。頭ははっきりしていましたが、転倒がきっかけで寝たきりになってからは大変でした。

大変ついでにいえば、住む人のいなくなった実家の売却問題がこじれ、そのこじれ中に三回ほど小腸潰瘍狭窄(かいようきょうさく)のため救急車で運ばれた69歳の私。何度も検査したけれど原因は分からずじまいで、「切っちゃいましょう」になりました。で、70歳で手術して、今はこの原稿も書けるまでにようやく回復。

実家の売却に関しても、まる2年かかったけれど、つい最近メドがつきました。

これ以上のナカヤマ家の事情詳細を「はじめに」で読むのは、しんどいでしょうから、このくらいで「やめて」おいて、先に進むことにします。

ということで、波瀾万丈（はらんばんじょう）ってほどのことはなかったにせよ、色々人生の苦みも味わった70歳を機に、これからは、身の回りのあれこれで「これってやめていいんじゃない」をピックアップして、大いに身軽になりたいと思ったのです。

人生100年というキャッチフレーズも、そう突飛なものでなくなっているし、私自身100という数字はかなり好きなので100個考えてみることにしました。枕の脇に、メモ帳を置いて思いついたら書き出す……をやっていたら、あっという間に「やめる」たちが集まりました。

言うまでもなく、今これを読んでくださっている方に「すべてやめて」と提案するつもりはないし、私も全部やめるかは分かりません。まあ、すでにやめているものもあるだろうし、一度はやめたけど「やっぱり復活～」になっても良き。やめてみたことで見えてくる景色もあるし、何の決まりも制限もないので、気軽に陽気に「やめる」をやってみて、これからの日々を幸せなものにしていきましょう。

もくじ

第2章 ラクラク生きたいから——こんな〈面倒〉はやめる

第3章

無理せず生きたいから
――こんな〈がんばりすぎ〉はやめる

第4章

楽しんでいたいから
——こんな〈クセ〉はやめる

第5章 クヨクヨ過ごしたくないから
——こんな〈心配〉はやめる

第6章 穏やかな毎日のために ——こんな〈キライ〉はやめる

第7章 自分らしくありたいので
——こんな〈ごまかし〉をやめる

第1章

心地よくいたいから

――まずは、こんな〈我慢〉はやめる

1

硬くて重い靴

柔らかくて軽い靴なら歩くのも好きになる

歩けることのありがたさ、というか歩けなくなることのつらさは、母の介護でつくづく感じたので、歩けるは私にとって「やめたくないこと」の筆頭。

そこで、すぐに脱ぎたくなったり乗り物に頼りたくなる、硬くて重い靴はすべて「やめる」ことにしました。

今までは、靴を処分するときも、流行やデザイン、色とかを考えて……なんて感じだったから、なかなか減らせなかった。

ところが、硬いや重いなら、触って持ちあげればすぐに分かるから、とってもラクに決められます。

靴の外見にまどわされず、「硬くて重い靴」には何の未練もないし、正直「そこそこいい値段だったから」くらいでは、引かれる後ろ髪もありません。もし一瞬「もったいない気分」の波が寄せてきたとしても、「そのたびにタクシーになっちゃったら、かえって高くつくかもよ？」と、自分に切り返しちゃえばいい。

硬くて重い靴を買った頃より、今選ぶソックス類も厚手のものになっているから窮屈に感じるし、薄手のタイツとかで靴擦れにでもなったら、人生のうちの数時間を〈我慢〉に取られてしまう（こんなときタイツはすぐに脱げないから始末が悪いです。お腹はあったかいけど）。

試しに、今一番よく履く靴の重さを量ってみると、なんと片方が１２０グラムという軽さでした。そのおかげでこの靴を履いたときは、サクサク歩けてたんですね。その感じを手に覚えさせて、他のも次々手秤で測定。「えっ」と言葉が出るくらい、靴によって重さが違うことが分かりました。

今は手持ちの「柔らかくて軽い靴」で間に合うけれど、これから買うときには、自慢の手秤で「この軽さなら歩きたくなる」という靴を選ぶことにしましょう。

2

窮屈な下着

ラインを拾わない服ですてきに見せよう

若い頃からメリハリのあるナイスバディだった方には、少々抵抗があるかもしれませんが、もともと「平らなカラダ族」の私にとって、シェイプアップ効果はあるものの、窮屈な下着をやめるのは実に簡単でした。

もう60代早々で卒業しちゃった補正効果のある下着やキッチリブラですが、やめても何の問題もありません。

夏は、カップ付きのタンクトップ、秋はカップ付き半袖、冬はカップ付き長袖を。どれも綿100パーセントのもので、白とベージュと黒の三色をシーズンごとに用意して、洗ってハンガーにかけてあるのを、その日の上に着るものの色合いに合わせて着用しています。

至極簡単。暑さ寒さ対策は、上に着るもので調整します。

「それだと、垂れたり形が崩れてきたりしない？」というご意見もあるでしょうが、もう（ニュートンに言われるまでもなく）引力の法則に逆らうことは「やめました」。

幸い、今はかつてのようなボディコンシャス系がファッションの主流じゃないから、昔はそういう系で決めてた70歳も、引力の法則を体現している（？）今のカラダでも、ラインを拾わない服で十分におしゃれに装えると思います。

窮屈な下着はやめるけど、すてきに見える好きな服はやめるつもりはなく、おしゃれは「やめたくない」です。

本当のことを言えば、外から帰ったらカップ付きさえすぐに脱いで、大きめTシャツにパジャマというスタイルになりたいのですが、それを許すと際限なくパジャマの人になりそうだから、「風呂上がりからのパジャマ時間をお楽しみください」と自分に言い聞かせています。

3

痒くなる服

もったいないを手放すと心地よさが残る

乾燥に弱くなりました。

というより、絶賛「全身乾燥中」の自分。

保湿効果を謳っているボディクリームを（かなり）ふんだんに使っても、カサカサして痒くなります。

だから、つい大きめTシャツに逃げたくなるのですが、痒くなる素材の衣類をやめてみたら、かなりストレスが減りました。

普通に触っただけで、チクチクする素材や肌に張り付いたりするのは論外ですが、一見良さそうだと買ったものの、着ているうちにモゾモゾ落ち着かなくなる服は、「やめる」リストに仲間入りです。

とはいえ、着方を工夫すればなんとかなりそうなものもあるから、先の綿100パーセントの下着や着心地のいい麻やガーゼ素材のシャツやワンピースの上に羽織るのならどう？　くらいのトライはしてみることにしました。

直接肌に触れなければ、装いのポイントになるカーディガンやジャケットなどは（そっちからすれば）命拾い？

まあ、あくまで主体は「自分にとっての心地よさ」なので、もったいない！だけでは、うちのクローゼット内には生き残れません（笑）。

このように、「デリケートになった自分を大事にしてあげられる服だけを選ぶ」と考えることにしたら、自然にクローゼットの中がシンプルで風通しが良くなってきました。

もうちょっと「やめてもいいかな」の服がありそうなので、より冷静な目で服たちの査定を続けることにします。

4

昔のブランドバッグ

しなくて済む後悔は避けながら……

ここまでの三つは、着心地優先のフィジカル重視で「やめる」ことでした。そう難しいことではなかったのは、そんなに高価な靴も下着も買ってなかったからです。

そのため、本書の趣旨でもある「明るくやめる」が、比較的やりやすかったのですが、ここからの三つは、70歳の自分にとって、気軽にはいかないもの。

なぜかというと、買ったときの値段がフラッシュバックするから。

まあ、ネタばらしになっちゃいますが、このあとに出てくる貴金属と和服は、私が買ったものはほとんどなく、昭和一桁生まれ奥様だった母のご購入品なので、これはまた別の重たい系のモヤモヤなんです。

ブランドバッグ、当時もう憧れて憧れて。

勤め始めて最初に買ったブランドバッグのチェーンが揺れるのがうれしかったなあ、重いけど若かったからバシバシ旅行に持って行ったブランドロゴバッチリの大きめバッグ、少し金具が錆びたけど、ずーっとクローゼット内のバッグの棚で偉そうにしているクロコのバッグなどなど。

もちろん、状態もいいし今でも活用しているブランドバッグもあります。

しかし、よっぽどのことがない限り、今は大きいけれど軽くてポケットがいくつもついた肩から掛けられるバッグを愛用しています。

何せ、出かけるとなると携帯品が多い70代。スマホに財布、キーケースなどはもちろん、タオルハンカチとポケットティッシュ、小さいサイズの水筒か買い置きのペットボトルのお茶、薬や日焼け止め、リップクリームの入ったポーチなど。

特にこのところは病院通いが多かったから、色々な印刷物や保険証などをはさんでおくA4クリアファイルが入ることが何より肝心でした。

そんなわけで、もう出番がないであろうブランドバッグは、買い取りに出しました。ちょっと値が付いたのもあるし、そうでもないものもあったけれど、なんとなく、昔のブランドバッグを手放したことで「くたびれているけれど威張っているシニア」にならずに済むような気がしているのです。

ホント、気がしているだけなんですが、それでもよくない？

書き忘れましたけど、まあまあ状態が良くて見る人が見たら「ヴィンテージ？」と思えるかもしれない数点は、娘やかなり年下の友人に一応「いる？」とお伺いを立て、首を縦に振ってもらえたものは、彼女たちに引き取られていきました。

「明るくやめる」がモットーなので、しなくて済む後悔はしたくないから、新しい持ち主が活用してくれるなら、何よりだと思っています。

5

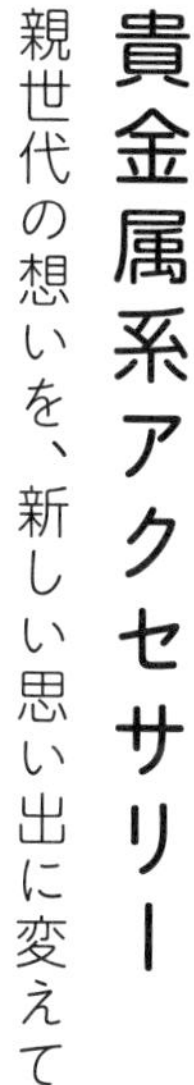

貴金属系アクセサリー

親世代の想いを、新しい思い出に変えてみた

戦争中に娘時代を過ごした昭和一桁生まれの母世代にとって、貴金属のアクセサリーは幸せと富の象徴だったんでしょうね。

その例にもれず、私の母もデパートの宝飾品売り場が大好きで、早くお子様ランチを食べに行きたい私は、なんでこんなに小さくて値段が高いものに夢中になるんだろうと思ったものでした。

大人になったら、好きになるのかなと思ったら、そうでもなかった。

どちらかといえば、ブティックにちょっと置いてある、貴金属に比べればプチプラのアクセサリーで十分でした。それらは、値段通りの消耗品でほぼすべてが（いつの間にか）なくなっていて、私の手元にあるアクセサリーの多くは、母が遺した本物なので、これらの処遇には悩みました。

ネックレスは、肩が凝るので既にやめている。指輪もまずしない。で、母には申し訳ないけれど、彼女が一番気に入っていたキャッツアイの指輪とパールのネックレスを残して、買い取りに出しました。

色石にはほとんど値が付かなかったけれど、土台の金がかなりの金額に。母に感謝しつつ、思い出を語る（時間もあるであろう）家族旅行の費用に当てさせてもらうことにしました。

伊豆方面は、父母が新婚旅行に行った地で、偶然ですが、みんなの意見がそのあたりでまとまったのも、何かの縁かもしれません。

貴金属系のアクセサリーを見て着けて、やっぱり合わないからはずす……という行為をやめられて、とても清々しい気持ち。

でも、とても緊張する場に出なくてはならないときは、ひとつ残した指輪をお守り代わりにはめていきます。

6

和服を着る

自分へのプレッシャーをほどけばいい

さてと、実家の片付けをするときに、一番の悩みの種が和服でした。お茶をやっていた母と、お三味線が趣味だった伯母の和服の両方が桐のタンスと茶箱いくつかに入っていたので、なかなかの迫力でした。

まだ母の判断がつくうちにかなり処分したけれど、「これだけは残したい」というものが、我が家にやってきました。

でも、私は自分で和服を着られないのです。

着付けができる友人に相談したり、ユーチューブで着付けの動画を観たりしたものの、うーん無理かも。

実際「着慣れれば、ラクよ」と着物を着こなしている友人は言うけれど、今まで着なかったのに、締め付ける下着でさえすぐ脱ぎたくなるのに、これからラクに着る自信はないです。

で、本題ですが、着物の買い取りのCMやチラシを見て、バッグや宝飾品みたいに売ったかというと、まだそれはしていないんですね。

私が、ここまでの段階でやめたのは「和服を着る」ということ。

和服を着て出かけるシニアの様子は確かにすてきですが、私にとっては我慢の比重の方が大きいからもういいかな。

ただ、日本の伝統の布地として着物も帯も素晴らしく美しいので、(量も減ったことだし)もう少し手元に置いて、インテリアに？ リメイクして洋服に？とアイデアをめぐらせているところです。

そう、「日本人なんだからちゃんと和服を着て外出できるはずじゃない、がんばりなさいよ」という自分へのプレッシャーをやめることにしたんです。

7

重たい布団

世界中で一番ホッとできる場所がある幸せ

一日ご苦労さまでした！　のご褒美第一弾は「パジャマになる」なんです。

お風呂もご褒美になることがあるけれど、お風呂に入ってドライヤーで髪を乾かしただけで、ドッと疲れるお年頃になりました。

なので、やっぱり第一弾はパジャマになることかな。

ちなみに、私のパジャマは襟ぐりの大きめのスポッと被るタイプ、パンツもやや緩めでしめつけないもの。

冬は、先にTシャツを着て、モコモコのパジャマを被ります、夏は緩めタンクトップにサラサラのパジャマを被る感じ。

そして、第二弾というかご褒美の仕上げは、多分世界中で一番ホッとできる自分の布団に潜り込むことです。

敷布団やマットレスは、やや硬めでもいいけれど、掛け布団は絶対軽くあってほしい。

特に体調がよくなかったとき、寝返りを打つのもしんどくて、朝起きたときに「もう疲れてる」感が半端なく襲ってきて、重たく感じた掛け布団をやめました。

今は、ごく薄めの羽毛布団に明るい色のカバー。

フワフワモコモコで軽ーいブランケットも同系色にして、羽毛の上に掛けると、寝ている間、自分は自由に動いても布団がずれなくていい感じ。

そして元気になってから、家中の重い布団を全部やめたら、干すのも楽だし、いいことずくめです。

病気をしたことで、以前より「これはやめよう」の判断が早くなったのは、とてもいいことだと思っています。

8

フカフカ枕

「ねぐら」が快適なら、どんな体調でもまず安心

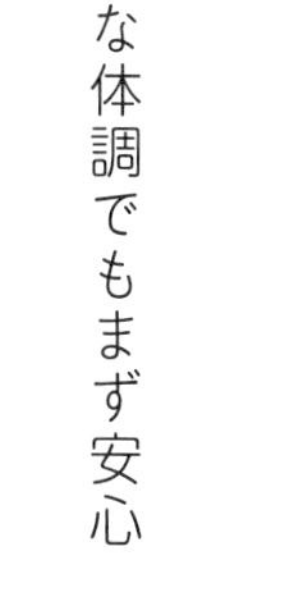

全体的に、寝るときはヌイグルミ的フカフカのアイテムに癒されているシニアの私ですが、枕はフカフカだとなかなか寝付けず安眠できません。

すてきなホテルの大きなベッドには、もう何人寝られるの？　というくらいたくさんのピローたちがあしらわれています。

インテリアとしてはすてきでゴージャスですが、一個でいいから硬め……というか、ビーズ入りのジャリジャリ系ひんやり枕を置いてほしいです。

やっぱり「頭寒足熱」ですよね。

おしゃれ優先で、ホテルみたいにフワフワ枕で寝てたときもあるけれど、今は平たくて頭を動かしやすいタイプのビーズ入り枕にしています。

本当は、昔みたいなそば殻枕がいいんだけれど、だいぶ前に実家にあるのを試したら、くしゃみが止まらなくなってビックリしました。

埃なのかアレルギーなのか、ちょっと分からないけれど、天然素材にするのだけがいいともいえないのかもしれませんね。


そんなわけで、何個か試して低めのビーズ入りにして、フカフカ枕の方はやめたんですが、それを足元に置いてみたら、ちょっと姿勢を変えたいときや、腰をそらしたいときなどに便利だと気づき、足枕っぽく利用しています。

基本、冬は寝具周りのカバー全体をピンクやクリーム色などの暖色に。

夏は、白とネイビーなどで清潔&清涼感を出したいです。


これからも、どんな体調になるか分からないから、ご褒美最終系の「自分のねぐら」は、我慢せず妥協せず「快適」にしていきたいと思っています。

9

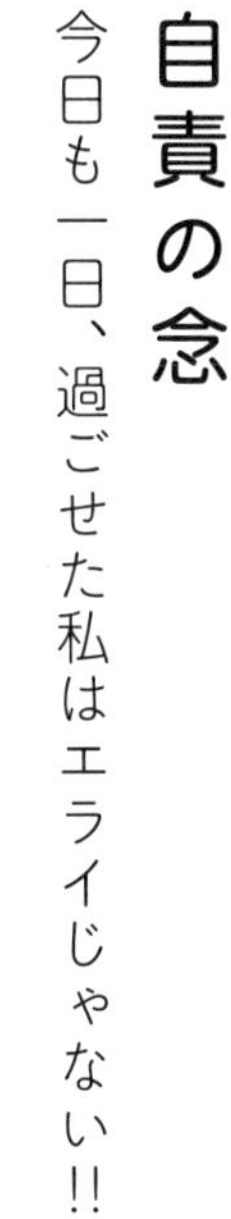

自責の念
今日も一日、過ごせた私はエライじゃない!!

この章では、心地よく暮らすために、ちょっとした〈我慢〉をやめた件について、お話しさせていただきました。

何せ、これからまだたくさん「やめたいこと」があるから、サクサクと続きに行きたいですが、章の締めはきっちり決めたい。

それは、せっかくのご褒美である「自分のねぐら」まで、自分を責める気持ちを持ち込むのはやめる！　ということなんです。

残念ながら、子どもの頃のように明日へのワクワクを感じたり、大好きな人のことで胸がいっぱいになった若かりし頃のような気持ちになるのは難しいかもしれません。

とはいえ、できなかったことやちょっとした失敗だけを（なぜか大切に）布団の中まで持ち込むのは、やめたいです。

誰だって年齢を重ねてくると、「あれ？ あんなこと言っちゃったけど大丈夫だったかな」とか「もしかして役に立たないどころか迷惑かけてるのかも」の心境に陥るのは、至極簡単だからです。

実際は、自分で褒めてあげられることだってしているんです。

例えば、朝早めにパジャマから着替えてごみ出しができたとか、ついでに玄関先を掃いたとか。あるいは、お天気がいいので洗濯したとか、図書館まで本を返しに行ったとか（借りるより、返す方が億劫だから、エライ）などなど。

もう、この際だから自責の念なんてやめましょう。

どこかに捨てちゃいましょう。

今日も一日、無事に過ごせたのは、周りのおかげもあるけれど、何より自分の今持っているチカラで勝負した結果なんだと思います。

そして、なーんにも問題や心配や不安がない人生なんてあり得ないし、もしそんな日々ばかりなら退屈で、ちっとも面白くないんじゃないかな。

山あり谷あり、フカフカの布団あり。

ついでに、冷蔵庫には大好きなシュークリームありだから、明日の朝イチに食べよっと！

これ、子どもの頃のワクワクにも負けないかもしれませんよ。

第2章

ラクラク生きたいから

——こんな〈面倒〉はやめる

10

手作り信仰

丁寧な暮らしじゃなくてもＱＯＬ（生活の質）は保てる

ここまでの衣食住で、どれだけのものを作ってきたかと考えると、ちょっとクラクラします。

それでも母世代に比べれば、断然「既製品」の恩恵は受けてますけれど、「手作りが一番」とか「やっぱり手作りよね」の空気は、かなり色濃く辺りに満ちていました。

私たちよりずっと若い世代の人のブログとか見ても、手作り信仰は根強そう。今風に言えば「丁寧な暮らし」ってところにつながるのかな。

丁寧なのはいいんじゃないか、でも面倒なのはう〜ん。

要は、それが好きなら丁寧にコツコツとやっても楽しいけれど、ついつい手作り信仰に引っ張られて「そんなに興味ない」や「どちらかというと苦手」なことまで、自らの手でやらなくてもいいと思っています。

それらをしないことの免罪符として、老眼（苦笑）や腰痛（もっと苦笑）も持っている我々に怖いものなどない！

この章では、もう面倒だなと感じることをやめながら、ラクラク暮らしていくプチ悪知恵みたいなものも含めてピックアップしていこうと思っています。

とはいえ、おいしいものは食べたい。

ラクだけどそれなりのおしゃれをしたい。

手をかけないけどすっきりした部屋がいい。

と、このようにナカヤマ70がワガママを言ってますから、やめることもかなりの数に。

という流れなので、役立ちそうなことや共感できそうなことをメインにご覧いただければうれしいです。

11

揚げ物をする

負担なく、食べたいものを食べたい分量

まず「そのつど持ち上げるのが大変だから」と、大きいサイズの揚げ油を買うのをやめました。

そしたら、自然に揚げ物をせずに済むようになりました（ちょっと悪知恵）。

正直に言って、天ぷらは昔から得意じゃなかった。我慢して揚げていると、油の匂いで気持ち悪くなって、自分は食べられなかったりしました。

トンカツ、フライ系はもっと面倒。唐揚げはまだラクだけれど、もう老夫婦はほぼ食べたくならない。

今は揚げ物が食べたい場合はこの三つから選びます。

① デパ地下で買う

② 食材宅配サービスの冷凍食品にチェックマーク
③「たまにだから」と外で食べる

デパ地下のお惣菜類は、決して安くないけれど、揚げ物類のコスパはいいと感じる私。量もそんなにいらないので、食べたいものだけを少量買います。

宅配は、主に重たいお米や根菜類、それと冷凍品を注文しているのですが、かき揚げ丼セットとか、めっちゃ便利です。かき揚げ苦手だったから、本当にありがたいです。おいしいたれもついているし。

で、三つめが外食ですが、もうトンカツ屋さんは一人前完食できないから行かないし、天ぷらも専門店で食べるよりお蕎麦屋さんが多いかな。

天ざるもいいし、先に少し季節の天ぷらつまんで、しめにせいろ。

書いているうちに、お蕎麦が食べたくなってきました。

いずれにせよ、大きめ天ぷら油がキッチンから姿を消して、私の場合は断然プレッシャーなく料理ができるようになりました。

12

○○の素

10種類の調味料で十分においしい献立になる

体調を崩したときに、薬の副作用で味覚障害、嗅覚障害を体験しました。話には聞いていたけれど、本来の味が分からなくなり、ロールパンは紙粘土でできているんじゃないか？　これ、どんだけ塩が入っているの！　みたいな感じで、まったく食欲がわかず料理もできないという想像を絶する世界でした。

その薬の服用は、40日ほどだったんですが、味覚が完全に戻ったのは薬をやめた1か月後。人生で初めて、こんな短期間に6キロやせました。

とはいえ、その後は味見しつつ料理を作れること、それを食べられることに大感謝祭で、キッチンに立てる喜びを再確認しています。

再確認している間に着々と体重は4キロ回復し、今は病気前よりはすこーしスッキリしたかな、くらいの見た目です。

味が分かるうれしさに、○○の素（例えば「すき焼き」とか「しょうが焼き」みたいなの）をやめて、できるだけ調味料の種類を厳選することにしました。

ベースは、しょう油、味噌、砂糖、塩、酢、料理用酒、みりん、白だし。油は、オリーブオイルとゴマ油。

あとは鰹節の小分けパックとか、白・黒ゴマ、コンソメ、七味に黒コショウ。ショウガやワサビは、チューブので十分だし、マヨネーズとケチャップ、ソースも以前より出番が少ないので、小さいものに。

これだけあれば、もう十分に自分がおいしいと感じられるものが作れます。

揚げ物は自分でしなくなったけれど、煮物、焼き物、炒め物、和え物はほぼ自分で作るから、シニアの食卓らしい体裁は保っています。

特に、味噌汁や吸い物、ポトフやシチューなど和洋のつゆ系のどれかを作るので、それがかなり食生活の栄養バランスに役立っているかもしれません。

13

大きいフライパン

手放すだけでふたりのご飯作りが楽しくなる

揚げ物をやめたので、ついでに大きい深めのフライパンもやめることにしました（これも悪知恵のひとつ？）。

収納場所も取ってたし、ここ数年は小さい方のフライパンでほとんど調理しているのに気づいたからです。

私はかなり長いこと趣味でテニスをやっているのですが、だんだん右手首の負担が大きくなったと感じていて、サポーターをしたり、（テニス後には）湿布を貼ったり。

もうしばらくは、テニスそのものはやめたくないので、右手首に負担がかかる大きくて振るのにチカラがいるフライパンをやめた次第。

どうせ振るならラケットの方を選んだという感じでしょうか。
手軽な大きさのフライパンだけにしたら、チャーハンや炒め物もラク。
ハムエッグもふたり分ならちょうどいいし。
洗うのにも場所もとらないし。

大きなフライパンをやめたことでスイッチが入り、調理器具関係の「やめる」に拍車がかかりました。
そのうちのいくつかはこのあとお話ししたいと思っていますが、全体的に「小さく、軽く、少なく」をやったら、キッチンの空間が「広く、動きやすく、片付く」というように効果が大で、ラクラク料理ができるようになりました。

何かを「やめる」と、生まれるものがある！
それを実感できたら、毎日が楽しくなること間違いなしです。

14

重たい鍋

「ヨッコラショ」を減らすために別の用途を考えた

フランス製の重たい琺瑯（ほうろう）鍋の底の一部分が欠けてしまいました。

とても気に入っていたので、取り扱っている店で修理できるか聞いたところ、残念ながら難しいとのこと。

買い直してもいいけれど、重いしなぁ……で、大きいフライパンもやめたところだったから、重い鍋もやめよう！　となりました。

割れていない楕円形の（もっと重たい）琺瑯鍋は、娘宅で働くことになり、再就職先が決まってホッ。

ステンレス製の両手鍋は、琺瑯のほどおしゃれじゃないけれど、本当にラク。

当たり前ですが、鍋にはたいていたっぷりの具材と液体が入りますから、腕にも腰にも負担がきます。

今ではキッチンで「ヨッコラショ」という回数が、格段に減ったはずです。で、そのフランス製の重たい琺瑯鍋なんですが、私はどうしても捨てる気になれず、別の役割を彼女（白くておしゃれさんなので勝手に女性代名詞で）に与えたんですね。

次に出てくる冷蔵庫の話にも若干関連するのですが、今までスープ作りに活躍してくれた彼女の今の仕事は、スープにする前の生のジャガイモやタマネギの保管なんです。

以前は、鍋を入れるのは深くて大きい一番下の抽斗（ひきだし）だったので、これも将来、ぎっくり腰の原因にならないとも限らない。重たい鍋が減ったのをきっかけに、真ん中のやや浅めの抽斗に収納可能になりました。

抽斗の中からキッチンの棚に配置替えをされた白い彼女、なかなかの存在感を放っています。

15

大きい冷蔵庫

買い物・料理・掃除がラク。無駄買い防止にも貢献

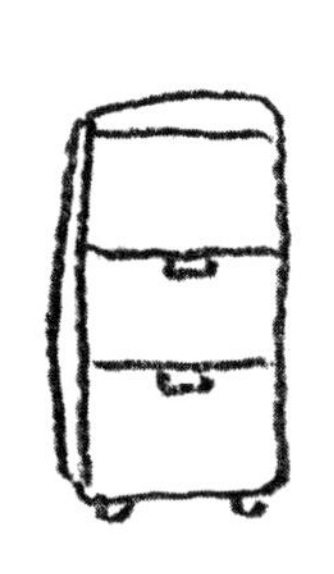

大きい冷蔵庫の場合は、積極的にやめたのではなく「やめなくてはならない」羽目になったのですが、今は結果オーライです。

本当は、となりに置いてある洗濯機のせい。

えっ、そのふたつが並んでいるの？　と思われた方もいるでしょうから、少し説明させていただきます。

まずは、我が家が戸建ての中古物件だったこと。で、キッチンと洗濯機は外国製のものが入っていて、とてもおしゃれだったのですが、何せ私の身長（150センチちょっと）では使いこなせず、ひとつひとつ買い替えていく羽目になりま

した。

そのうえ排水口の関係で、冷蔵庫と洗濯機のレイアウトは変えられない。まずは外国製洗濯機が故障したけれど、部品がなくて国産に替えましたが、業者曰く「オクサン、このままだと排水が逆流しちゃいますよ」。

洗濯機の位置を高くしないと水が流れないから、高めの台を作ってもらって固定。これが、次に故障した冷蔵庫に大きな影響を及ぼしました。

とにかく中身を使いきれるだけ使って、あとは保冷ケースに入れて、家電量販店に赴いた私。サイズはバッチリ測っていったのに、同じサイズのものがない！

簡単に言うと、冷蔵庫は格段に大型化しておりました。そこは百花繚乱の充実ぶりで、あとは単身用とかのごく小さいものに特化されていて、これまでの家の冷蔵庫サイズが、ない！

信じられない事態にクラクラした私ですが、クラクラ倒れかかった方向に「現品限り」の一台の冷蔵庫を発見しました。

もう一分の一！　の選択でした。

サイズを確認すると、やはり前のよりは一回り小さくて、例えば片面開きのドアについた卵ケースは、六個入り……。

でも、結果はオーライでしたね。

何がよかったかというと、入れられる量が少ないので、
◎買い込みすぎない
◎入っているものがよく見える
◎賞味期限切れや食品ロスが減る
◎掃除しやすい

珐瑯の鍋を根菜入れとして活用することになったのも、大きな野菜室がないからなんですが、これも結果オーライのひとつでしょうね。

16

手の込んだ作り置き

ライブ感覚で食卓に並べるほうが満たされる

70歳を過ぎて感じることのひとつに「お天気に敏感になったなぁ」があります。

夫との会話も「今日も朝から暑い」「急に降りだしそう」「冷え込みきつい」など、近所の人との当たり障りのない挨拶や会話とあまり変わらなくなっています。

ただし、そのあとに「夕飯、何にする？」的なことが続くので、お天気と食べたい（ないしは作れそうな）ものとの塩梅（あんばい）がけっこう重要なんです。

そこで、本題。

作り置きをがんばる必要性より、無理に消化する義務感の方が勝るようになったから「手の込んだ作り置き」はやめました。

まあ、冷蔵庫の空きスペースが少ないのもちょっと悪知恵テイストで利用しているけれど、ニンジンやゴボウ何本分も切るだけで疲労するお年頃、もう無理してキッチンに立つ時間を増やさない。

作り置きというほどではないけれど、一応小さめの密閉容器に用意するとすれば、浅漬けとかマリネ、ピクルスのようなもの。

揚げ物は買っても、切って何かに漬けるだけなのに高いものは買いたくないシニア主婦。だけど、メインのおかずの他に欲しいのはこういうものなんですよね。だから、これを作るのは「やめない」。

で、調味料も○○の素的なびん類はほぼやめたのですが、試しに塩麹を買ったら、漬けるのに便利でおいしいので小さめの瓶のを買っています。

お天気のところに戻ると、シニアはその日の天候と体調に合わせて食べたいものを食べたい。

シンプルでいいから、ライブ感覚重視。「消化試合」的に作り置きを食卓に並べ、結局ほぼ自分で食べる必要は「もうない」ということです。

17

三角コーナー

モノがないほど家事も見た目もスッキリ

私の場合、三角コーナーをやめたのは確か40代の頃だから、これは「やめた歴」長いものの代表です。

理由は簡単。

◎シンクの角にいつもある生ごみを見たくない
◎三角コーナーのヌルヌル掃除がイヤ
◎おしゃれじゃない

以上です。でも、よく考えると、ついさっきまでは「食材」だったのに、急に生ごみってかわいそう。

生ごみっぽくなる前に水分をきっちり切って蓋(ふた)つきの専用容器に入れ、必ず最短の可燃ごみの日には出す！　をやれば、三角コーナーやめられます。

ちなみに、おでんやけんちん汁とか剝いた皮の量が多いとき用に、穴の開いた小さめポリ袋は買ってあるので、シンクが野菜の皮だらけになることもなく過ごしています。

油の使用量が以前より減ったから、食器洗いもササッと済ませてシンクには基本洗い物を溜めない。そうだ、洗い桶もだいぶ前にやめました。

最後に台ふきで、シンクの中の水滴も拭きあげて、洗濯機にそのままポン！洗濯機台のせいで、冷蔵庫サイズは小さくなったけれど、すぐに布巾類を洗えるのはありがたいです。

シニアにとって、衛生的な意味だけでなく清潔感はとても大事。

生ごみやヌルヌル放置をやめて、すてきなキッチン周りでお料理しましょう。

18

水切りカゴ

片付けという仕事がなければ、しんどさは相当に減る

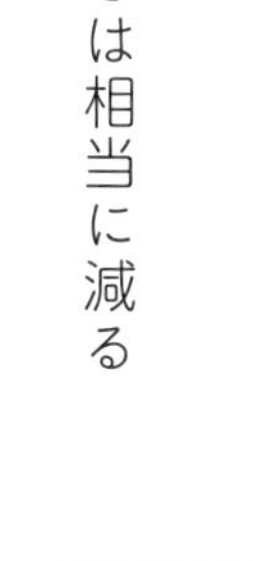

もうないのが当たり前だったので書き忘れていましたが、水切りカゴもかなり前にやめていました。

大きめの布巾や好きな柄の手ぬぐいなどを敷いて、そこにお茶碗やお皿を伏せておけば、まったく不自由ありません。

水切りカゴがあると、洗った食器がなくてもカゴはあるわけだから、料理のときに切ったりする場所として使えないけれど、布巾なら食器さえ定位置に戻せば、そこは調理スペースになるわけです。

水切りカゴのヌルヌルを洗う手間と布巾を洗濯機にポンのどちらを選ぶ？　と問われれば、私はやっぱりポンの方ですね。

我が家の場合、キッチンの脇を通らないとトイレ・洗面所に行けない間取りのため、自然にキッチンは片付けるクセがつきました。

前に住んでいた家は、キッチンが独立していてリビングから見えなかったので、正直なところ今より散らかってたかな。

だから、この中古物件に越した当初は「面倒だな」と思うことが多かったけれど、片付け慣れた今は「すぐに調理に入れるからラクかも」と思えるようになりました。

70オーバーのシニアにとって、食事の準備はなかなか大変です。揚げ物をやめたくらいでは、しんどさは解消しないかもしれない。

でも、調理に取りかかる前に片付けという仕事がなければ、しんどさは相当に減るはずです。

私にとってはなるべくスッキリした空間をキープしておくことで「始めるか」と食材やまな板やザルなどを即出せるのが、ラクに自炊する秘訣のようです。

19

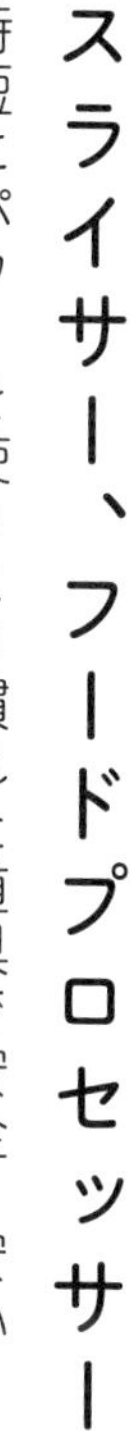

スライサー、フードプロセッサー

時短にパワーを使うより慣れた道具で安全・安心

昔は、とにかく時短料理を目指していたので、スライサーやフードプロセッサーは欠かせないものでした。

例えば、子どもたちが育ち盛りの頃は、揚げ物の出番が多いから、せめて千切りキャベツはシュッシュッと早く作ってしまいたい。

また、ハンバーグを筆頭に毎食みじん切りの頻度が高く、フードプロセッサーもしまう暇がないほどでした。

でも、今は壊れたのを幸いに（？）私のキッチンからは、姿を消しました。

老夫婦が食べる千切りキャベツなんてタカがしれているし、ハンバーグよりツミレとなれば、機械を頼るほどの手間ではありません。

もうひとつ、やめた理由があって、スライサーの刃やフードプロセッサーの羽根状の刃が少々怖く感じられるようになってきたのです。

一回、ホントに自分の指までスライス寸前になったことがあり、さらにフードプロセッサーは刃を外して洗うときにヒヤッとした経験あり。

そんなことがあって、今の私が使っているのは包丁とピーラー、キッチンバサミくらいです。

たいていの作業は、やや小ぶりの包丁でできてしまうから、不自由は感じません。そこは、主婦歴の長さのおかげかも。

とはいえ、包丁に伝わる手の力が弱くなっているのは事実で、カボチャや芋類などはレンジで加熱してから切るようにしているし、野菜や肉の種類によっては、キッチンバサミでチョキチョキの方がラクなら、包丁にこだわりません。

手のケガは、すぐに日常生活に差し支えるから、やめる道具や作業があってもいいのではないかと思っています。

20

健康・便利グッズ

「何かに役立つかも」の〝何か〟には期待しない

そろそろキッチンから離れて、家の中を見回してみることにしましょう。

正直に言うと、雑誌や通販で紹介されていた健康系や便利グッズと呼ばれるもののいくつかが、捨てられないまま私の守備範囲に置かれていました。

中には、箱に入ったまま全然使われていないものもあるし、使ってはみたもののすぐに「こりゃかえって面倒だ」としまわれたものもあり。

実物を見ると、自分を責めたくなるので、たいてい箱の上に別のものを置いて隠していたのですが、もうそういう姑息なことはやめて、健康という大義名分や便利&多機能という名の中途半端なグッズを思い切って処分することにしました。

小心者なので、そんなに大きいのや高価なのがないのは幸い。分解できるものは分解して、不燃ごみの日に出した次第です。

振り返ってみるとこれらを買ったときの自分は、介護のストレスを抱えていて、買い物にも行けないし、何かに役立つかもしれないという漠然とした理由で買っていた気がします。

もともと組み立てるのも苦手だし、トリセツ読むのも面倒で嫌いだから、便利以前に「私向き」じゃなかったものたちでした。

フードプロセッサーみたいに一時は大変お世話になって役立ったものと違い、ほぼ後悔しかないグッズでした。とはいえ、きっととても重宝している方もいるでしょうから、具体的な商品名を出すのはやめました。

結局は便利グッズがＮＧというより、ストレス発散の衝動買いをやめよう！というのが本当のところかもしれませんね。

21

大掃除

日々の小掃除と気ままな中掃除で十分きれい

ここから三つ、年中行事的なもので「やめた」代表選手についてお話ししたいと思います。

ひとつめが、大掃除です。

もうそのあとの腰や腕のことを考えたら、やらない方がラクラク無事に新年を迎えられる可能性が高いから、やめました。

幸い、そんなに激しく散らかすエネルギーもないから、日々の小掃除でそこそこ小ぎれいを心掛けていれば、そんなに大がかりにやらなくても済みます。

まあ、浴室や換気扇などは気になるけれど、こういうところはシーズンオフにハウスクリーニング業者を頼んでもいいかな、と思っています。

浴室はすべりやすいし、汚れを落とす洗剤類も強め。

換気扇も上にあるし、あの羽根が苦手だから、プロに任せよう。

そう割り切ると、寒い時期に大掃除しなくちゃ！　のプレッシャーがなくなり、とってもラクです。


不思議なもので、大掃除なしになってからの方が、普段からマメに気づいたところを拭いたり片付けたりできるようになりました。

何かのきっかけで、お掃除スイッチが入ることがあるんですね。

そこは逃さず、いつもの小掃除から中レベルの掃除にします。

でも疲れたら、すぐやめます。

もともと、そんなにがんばらなくちゃならないわけではなく、自分のスイッチが勝手に入っただけですから、勝手にオフにして「お茶休憩」。

その日にきれいにしたところなんか眺めながらのお茶は悪くありません。

22

衣替え

「この一年」に着る服だけでラクラク循環

痒くなる服をやめて処分したことがきっかけで、その後もかなりの服を整理することができました。

大きなタンスひとつ分の服が減り、衣替えをやめました。

回転式のハンガーラックには、丈が長めのコートやワンピースなどがかかっていて、外出時はほぼここのものの組み合わせでこと足りるから、とてもラクです。

もうひとつのポール式のものに、シャツやパンツ類を掛けているのですが、ここも入れ替えなしで一年過ごすことができます。

どちらの場合も、自然と手前に今のシーズンに必要な服が出てきて、奥にシーズン外のものが待機している形になるので、衣替えしなくても自然に服が循環している感じです。

下着や靴下類も数が少ないので、小さめの各抽斗にオールシーズンのものが入っているから、入れ替え必要なし。

ダウンコートなどのボリュームがあるコート類だけは、玄関脇にあるコート収納用のスペースに。これは作り付けで、半分はシューズラックになっていて、出かけるときにバタバタせずに済みます。

中古物件だったせいで、あちこちリフォームもしたけれど、この作り付けはとてもありがたかったので、そのまま利用しています。

ともかく、これから自分がこの一年で着るであろう服を把握してさえいれば、四季というより「暑いか、寒いか」しかなくなった昨今は、服の入れ替えをやめてもラクラク対応できるのではないでしょうか。

23

年末に書く年賀状

本当に懐かしい人宛にゆっくり書く

年中行事関連の三つめは、年賀状です。

私の場合は、年賀状をすべてやめる「賀状じまい」ではないのですが、年末のうちに「旧年中は大変お世話になりました。本年もよろしくお願い申し上げます」と書くことは、やめました。

ひとつには、たいてい暮れも押し迫って、このような定型の文言を書いた年賀状の束を年賀専用のポスト口に入れたあと、風邪をひく……という傾向？　ジンクス？　があったため。

もうひとつは「年賀状は先方に元旦に着くべき」という自分へのプレッシャーをやめ、新年になってから、ゆっくり書こうと思ったため。

実際、年末より年始の方が時間がゆったり流れているし、律義に元旦に届くよう書いてくれた懐かしい人からの年賀状でその人の近況を知り、それに応える形でこちらの近況を書くのも悪くないからです。

あとは、70オーバーになると、義理で書かなくてはならないとか、目上の人に失礼にならないように、といったしがらみから解放されてくるという面もありそうです（喪中はがきが増えてくるのは、寂しくもありますが）。

ちなみに、名前から文章まですべてが印刷で顔も思い出せない人に「今年も届いたから」と、しばらくは返信をしていましたが、それもやめたら、枚数が減り本当に懐かしい人からの年賀状だけになったのは、いいことだと思っています。


年明けに、その人に語るようにゆっくり書く。

もちろん、書くのに疲れたら寒中見舞いになっても可。

慌てて機械的に書いたはがきより、気持ちが通じるように思います。

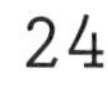

24

アイロンかけ

きっちりより、ゆったり軽い服が今の気分

好きでも得意でもない家事の筆頭がアイロンかけだったので、やめて本当にラクになりました。

しばらく前から、アイロンが必要な生地の服は持たないようにしてきたので、気づくと「かけるのはハンカチくらいかな」になっていて、ハンカチもほとんどタオル地のものにしたから、もう大丈夫。

アイロン台は、洗濯物の一時置き場として役割を果たしているし、アイロンそのものは、どうしても必要があったときに使う程度です。

アイロンは好きじゃないけれど、洗濯は嫌いじゃないのは幸い、干すときにそ

のまま着用可になるよう、パンパンとしわ伸ばしをするのはストレス解消になるうえ、ちゃんと働いてる雰囲気も醸し出せます（笑）。

まあ、働き者に見えるかどうかは別に気にしていませんけれど、自分に対して「お天気いいから、洗濯したらどう？」と、提案できるのは「まだまだ元気な証拠」と感じられて気分がいいです。


コロナ禍を経て、人が多く集まるフォーマルな場に出かけることが減ったので、衣替えやアイロンかけから卒業できた面もあります。

今は家でゆったりした洗いたてのTシャツで過ごしたり、気分転換に近所をスウェット素材の上下と軽い靴で散歩したりで、十分に幸せ感を味わっています。

でも、もしこの先「きっちりアイロンがかかった服で出かけよう」というタイプのシニアになったとしたら、ハンガーにかけたままスチームでアイロンをかけられるタイプのを買ってもいいかな。

25

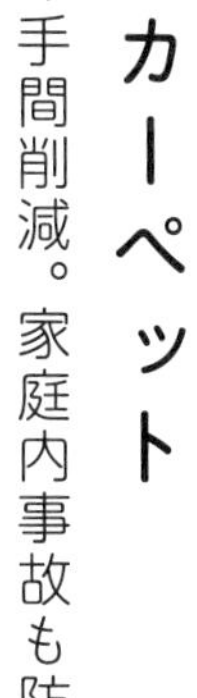

マット、カーペット

掃除・洗濯の手間削減。家庭内事故も防止！

知り合いのお宅（マンション）でクルクル動きながら掃除をしてくれる姿を見て、欲しくなったお掃除ロボット。買いたいものランキングの上位にいるのですが、いかんせん小さな三階建てなので、なかなか導入には至りません。

数年前に、コードレスタイプの掃除機にしてからは、階段での移動がだいぶラクになったのですが、それでもロボット欲しいなぁ。

それには、彼（お掃除ロボットは、私の中では男の子呼び）が少しでも動きやすいように、フラットな床面積を増やしたいわけです。

◎床にものをじか置きしない

◎余分な家具を置かない

そして、これが今回の「やめる」の話になるですが、

◎マット、カーペットは敷かない（ただし、バスマットだけは、バスタオルと
同じ扱いで、そのつど洗濯のため撤去するから可）

この三つを実行したおかげで、部屋そのものがスッキリ広く感じられるように
なりました。マットやカーペット類を洗う手間も省けるし、わずかな段差につま
ずいたりすることも減り、私としてはお掃除ロボットを迎える前に、かなり満足。
なぜかというと、フローリングワイパーでサッサーときれいに拭き掃除できち
ゃうようになったからです。

でも、冬は足元寒くない？
それは、お気に入りのモコモコ系の靴下や室内履きで重装備すれば大丈夫！
本当に寒いときは「自分のねぐら」にもぐりこんじゃうという最終ご褒美もあ
るため、今のところマットとカーペットなしの生活、とても気に入っています。

26

観葉植物

同じ喜びを味わえるなら得意なことだけでいい

全く自慢できないけれど、私はかなりの「植物を枯らす名人」なんです。

おしゃれな部屋にしたくて、ナチュラルな雰囲気に憧れて、何度も観葉植物を我が家に迎えてきました。

ところが、今は玄関にある一鉢だけ。

枯れかかった鉢のいくつかは、友達に「植物をよみがえらせる名人」がいて、彼女のところに引き取られていきました。

いい友達がいて、よかったです。

今でも、すてきな枝ぶりの観葉植物に誘惑されそうになることがあるけれど、我が家に迎え入れることはやめました。

お掃除ロボットを迎える気持ちは（まだ）なくなっていないので、床にドンと（それも枯れかかりの）大きな鉢なんて、置いてない方がいいんじゃない？　と自分に言い聞かせています。

そんな私ですが、切り花に関しては（イラストレーターのはしくれでもあるせいか）なかなかセンスよく活けることができるんです。

お手頃値段の花を長持ちさせるのも、まあまあ得意。

なのになぜ、土に根を張った方は不得意なのか、合点がいかないのですが、そのよみがえらせ名人に言わせると「切り花とは違うって。あなたは長い目で育てる気持ちが足りない」だそうです。

切り花を長持ちさせるといってもせいぜい週単位、納得です。

我が家から嫁入りした観葉植物に会いに行くという口実で、ケーキ作りの名人でもある彼女のところを訪ねるのも、悪くないと思っている「ちゃっかりシニア」の私なのでした。

27

壁に飾る、貼る

本当に見たいものだけ目に入れる自由

床の次は壁なんですが、壁も何か飾ったり貼ったりするのをやめました。

誰か「カレンダーはどこに？」

私　「卓上式のシンプルなものにしました」

誰か「ポスターや写真を貼ったり、絵も飾らない？」

私　「はい、ポストカードサイズのものをキャビネットに置いてます」

誰か「じゃあ、小さい飾り棚を壁に取り付けるのとかは？」

私　「それも、やめときます」

誰か「ミニマリスト志向なわけ？」

私　「そうじゃなくて、ない方が目がラクだから」

質問者を「誰か」にしたのは、特定の人に聞かれたというより、そう聞かれたとしたらこう答えるだろうな、という想定問答なので。実際には、初めて我が家に来た人には「中は意外に広いんですね」とか「すっきり片付いてますね」と言ってもらえるくらいで、壁に何かないことについての質問なんてされません。というか、よその家の壁とかそんなに気にもしていないでしょう。

でも、私は壁に何かあるのは気になる。

ポスターやカレンダーなど、数字や文字が書いてあるものだとそのつど読んじゃうし、額がちょっとでも曲がっていると気になるし、背の小さいシニアの私にとって壁に取り付けた棚の埃を掃除するのも面倒。

オーバー70の皆様、床と壁をできるだけ本来の素材のままにしておくと、片付いているように見えますよ。そして、もしどうしても飾りたいものが出てきたときには、どうぞどこでもラクラクご自由にお使いください！

こんな空間こそ、夢があると思いませんか？

28

家計簿

「時間の無駄遣い」のほうを防げれば、なんとかなる

私にとって面倒なことの代表が、お金に関するあれこれ。

夫と有限会社をつくってから、大の苦手なのにもかかわらず経理の仕事をやっていた日々から、ようやく解放されました。

ふたりとも70過ぎた時点で畳もうと思っていた小さな会社は、娘夫婦が引き継いでくれました。

苦手とはいえ「これは経費でこっちは個人の支出」というのを、少々どんぶり勘定ながら長年、表計算ソフトでやっていた関係で「引き継ぎも面倒だから、そのうちねー」と言っていた矢先の入院&手術。

決算の時期は待ってくれないので急遽、娘夫婦に任せて、私は「経理のおばち

ゃん」をやめることになりました。それくらいの経理は、若い人からしたらすぐにコツをつかめるレベルなので、任せちゃってよかったです。

そして何てラクなの？　信じられないくらいの解放感！　本当に好きじゃないのにやってたんだなぁ。

で、その経理作業の個人支出に関する部分が、いわゆる「家計簿」だったわけですけど、その作業ももうやめました。

お得意のどんぶり勘定で、月にどのくらいの現金を下ろせばオッケーとか、季節による水道光熱費などの推移も分かっているから、もう細々つける必要なし！

実際、ほとんど物欲もないから、一応頭の隅にあるのは月々の食費くらいかなぁ。それも、外食をほとんどしないので「これ、おいしい。外で食べたらかなりの値段だよね」と会話する老夫婦にとって、支出の詳細を記す「家計簿」をつける手間の方が「時間の無駄遣い」という気がします。

家計簿なくても帳尻合わせられるのが、シニアの経験値と自負してます。

29

通帳の数

お金に縛られず、心配しすぎず、心豊かに、が理想

母が東京に越してくることが決まったとき、どうしてもしてほしいと頼んだことのひとつが「通帳の数、減らして」でした。
リスク回避の気持ちが強い（強すぎる）戦中派世代だから、記されている金額はともかく、かなりの数の銀行や信用金庫の通帳を持っていたので、抵抗はあったみたいです。
ところが、通帳を整理したら、すごくラクになったようで「あなたも早く減らしなさい」（笑）。
正直、母が亡くなったあとの様々な手続きは、想像以上に大変だったけれど、こと預金に関しては口座が一本化されていたので、助かりました。

で、経理のおばちゃんから卒業し、会社の通帳を渡した流れで、自分個人の通帳も整理しました。

残した通帳の銀行も、スマホアプリで口座の流れをいつでもチェックできるように（指導を受けながら）設定したので、ラクラク安心です。今は、銀行の店舗も減る一方で、最寄りの支店でもかなり遠くなっちゃったから、そういう意味でも通帳やめられたのはよかったかな。

ちなみに、私の経歴として途中までが共済年金（公立高校の教員だった）で残りが国民年金なので、正直なところ両方合わせてもそれで月々まかなえる額にはなりません。ただ、そのことが分かっていたので、働き盛りの頃に「年金型」の保険には入っておきました。当時は「ずっと先のこと」と思ってましたけどね。

さて家計簿こそやめましたが、お金のことから逃げず、縛られすぎず、おごらず、かつ心配もしすぎず、心豊かに生きられればなぁ……なんて理想でまとめて、お金との付き合いの一端をお話しさせてもらいました。

30

クレジットカード

気分よく続けられる私なりの浪費対策

こっちは、同じお金関連でも、私なりの節約対策といえるかもしれません。

70オーバー世代にとっては、やはり現金の安心感と使いやすさの感覚は、今さら変えようがない気がします。

そして、カードで買うことの警戒心も、それなりに強いと思います。

それもあって私の節約術は「できるだけカードを使うのをやめる」なんです。

例えば、ショップでセールになっているなかなかおしゃれなシャツを買うとすると、財布の中の1万円札を崩さなくちゃならない。

できれば、ここで崩したくないな……。

この「……」の時間に冷静になって、色は違うけど似ている感じのシャツ持っているじゃない！　と思い出す。買わずに済んでセーフ！

もちろん、本当に目を奪われるほど気に入ったとか、ずーっと探してたイメージ通りのシャツだったら、1万円崩しても構わないんです。

セールが罠、半額は悪魔のささやき（笑）。

これがカードだと、あれこれ葛藤する間もなく買えちゃうから、セーフティネットが働かないということです。

ちなみに、私は、クレジットカードも最小限しか使わないうえ、ネットでモノを買いません。

さすがに、ホテルの予約とかでは利用するけれど、モノは実物を見ます。

目利きかどうかは分からないものの、自分が本当に出合うべきモノとは、さしで出合って（できれば）現金で買いたい。

結果、たいていの購入品と長く気分よく付き合えるから、日割りにしたらかなりコスパがいいんじゃない？　というのが私なりの節約術なんです。

第3章

無理せず生きたいから

——こんな〈がんばりすぎ〉はやめる

31

人と比べるクセ

心のダンシャリで清々しくナチュラルに過ごそう

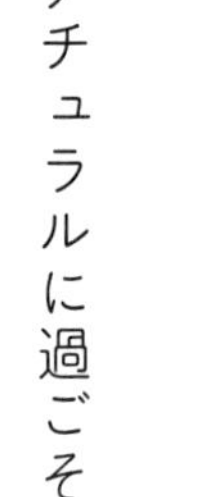

この章でまずお話ししたいのは、70年の間に知らずしらずに出来上がってしまった考え方のクセについて、です。

トップは、つい人と比べてしまう。

自分以外に誰か人間がいたら、ごく自然に行っていること。

それが複数の人間が相手になり、色々な場面や立場によって様々な種類の集団ができ、そこで「比較大会」が繰り広げられると想像すると、クラッとします。

スポーツやゲームみたいに、シンプルに勝ち負けがつくものなら、それはそれで楽しいし上達する励みになるけれど、一番タチが悪く、後味も良くないのがマウントの取り合い。

どこそこ出身、何階に住んでる、ナニを持っている……その人の価値と何の関係がありますか？　と、確かに正論ですが、こんな意見はきれいごとなんでしょうね。

私も「あの人にだけは負けたくない」とか「これ、うらやましがられるんじゃない？」から、なかなか抜け出せずにいた時期もありました。

オーバー70になれば、平然と比べず生きられるほどこの手の話は簡単じゃない。

まずは、比較してしまう考え方のクセがついていることを認識する。

折々に「あっ、また比べてるよ」と、気づく。

比べてすごく楽しいのなら、それでもいいけれど、そうじゃなかったら「今日は比べるのやめる」をしてみましょう。

これ、心のダンシャリじゃないかと思います。

やめたら、清々しくなれる気がします。

最初から、100パーセントは無理でも、ちょっとずつ「比べたがり」から脱出して、無理なくナチュラルに過ごせるシニアになりたいです。

32

いつもがんばる

今の自分が本当にしたいことだけ「全力」を注ぐ

四字熟語が好きです。

中でも、かなり若い頃から憧れていたのが「晴耕雨読（せいこううどく）」。

そして、年齢を重ねてまさに「それ」をするにふさわしい境遇になった気がしていたのですが、ここでも「耕」には腰痛が、「読」には老眼がもれなくついてきて、なかなか理想通りにはいかないのが現実。

でもそれはそれで面白い部分もあります。

こんな言葉を、田辺聖子さんの本のタイトルで見つけたからです。

『人生は、だましだまし』

これは、〝ヤング〟には逆立ちしても至ることのできない境地でしょう。

「以前はできたんだから」と、ついがんばりすぎて、思っていた通りにできず落ちこんだり、ドッと疲れてへこむより「だましだまし」やっていけば、なんとかなる場合も多いんじゃないでしょうか。

晴れたからといって、ずっと活動的でなくてもオッケー。「日向ぼっこ」がサマになるのは、シニアの特権です。

雨の日も、がんばってもいいし、がんばらなくてもいい。

「いつもがんばらなくては！」と肩にチカラを入れるのをやめれば、無理なく暮らせると思います。

私の感覚では「時々がんばる日があればいい」くらいのペースでいきたいです。

その方が、今の自分にとって本当にしたいことに「全力」を注げるはず。

全力を出したあとは、しばらく縁側の猫みたいにだましだましの雰囲気で過ごして、エネルギーがたまってくるのを待ちましょう。

「だましだましの晴耕雨読」が、今の私のモットーです。

33

間違ってはいけない

人にも自分にも寛容になれば毎日に笑いが増える

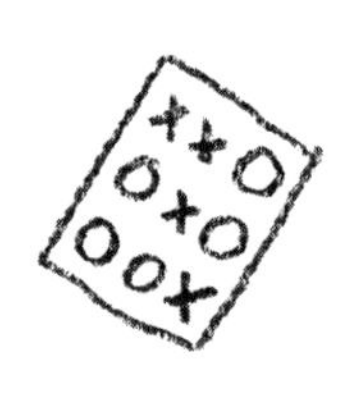

数字に弱い「経理のおばちゃん」だった私は、予想にたがわず算数も数学も苦手科目でした。

正解はひとつ、それ以外は間違い！　という科目はシビアで、本当に悩まされ続けました。

この年になっても、時々「あっ、明日は数学の試験だけど何もやっていない」という悪夢で目が覚めるくらい苦手。「間違ってはいけない」という刻印が、未だに消えていないというのは、なかなかにすごいことですね。

基本は、負けず嫌いな性格なので「間違いを指摘されるのがイヤ」という面もあるんでしょう。

で、この本の執筆をきっかけに、縛られ続けていた「間違ってはいけない」をやめることにしました。

間違えたくない私にとっては、かなりのチャレンジです。

しかしそれには、あるもののチカラを借りればいいことに（突然）気づきました。ずばり「笑い」です。

「せっかくの間違いなんだから、笑いのネタにでもなればいいじゃない」という感じでしょうか。

長年、お笑いコンビの中川家を敬愛しているナカヤマ70なので、彼らを師として「間違ってる？　そらおいしいやん」のスタンスでいきます。

この関西弁も間違っているかもしれないけれど、かまへん（笑）。

ということで、元教師で「間違えることに敏感すぎて、打たれ弱かったキャラ」を脱皮して、人の間違いにも寛容になって、笑いの多い幸せなシニアライフを送りたいと思います。

34

自分にダメ出し

自分で自分を慰めたり褒めるほうが周りもラク

先の続きになりますが、間違いかどうかがはっきりしているものの代表が、数学・数字関係だとすると、それ以外のことには「正解がいくつもある」ものが多く存在します。

またよく考えてみると、「時や場所によって正解が変化する」ものもあったりで「合っている場合もあるのに×をつけた」とか「正しいかもしれないのにNGとした」ということもないとはいえない。

で、「間違えてはいけない」をやめるのとセットで、やめたいと思ったのが「自分へのダメ出し」です。

私自身、自分のことを「ダメだったな」と思う場面は多いのですが、ダメ出ししたところで、疲れるばかりでモチベーションも下がるし、あまりいいことがなかった印象。

そういう流れで、自分へのダメ出しも（ついでに）やめることにしました。

もうひとつ、母の介護をしていたときに「自分にダメ出し」している高齢者をどう慰めたらいいのか、かなり悩んだことを思い出したのです。

母は、日に日にできなくなっていく自分を情けないと思うと同時に、娘に何度でも慰めてもらいたい、褒めてもらいたい、と望んでいたことが、あとになって落ち着いてみたら分かりました。

介護中の私は励ますことが正しいと思っていたけれど、母の自分自身へのダメ出しは、娘の私へのある種の甘えだったのかな、と。

私の方が性格がきついので、これからは自分へのシリアスなダメ出しを意識してやめて、やっぱりこれも「笑い」とか「人生だましだまし」の方へ持っていきたいです。

35

若見え願望

これからは、カッコよくて只者じゃないおばあさん

若々しいと言われるのは、うれしいです。ただ、若く見えるための努力が何より優先するか、という点ではそんなに熱心じゃないかな。

自分の好きな服装、髪型、おしゃべり、表情などを通して、イキイキしている自分を感じられたら、私はそれで十分だと思っています。

年齢を重ねてきたことは、自慢にこそなれ、何ひとつ卑屈になる必要はないと、何度も言い聞かせていれば「そんな感じ」が身に着くのでは、と楽観的に考えています。

特に「若く見せるための我慢」はやめたい。

一番は、服装かなあ。

きつい、チクチクする、重たい……この辺のことは、第1章で書きましたが、やはり体形だけでなく体質や体調にも考慮して、今の自分が無理なく楽しめる服装や明るくなれるおしゃれでいきたいと思います。

あとは、年齢を重ねた（威張りでなく）貫禄とかにも、私たちはもう少し自信を持ってもいいように感じます。

日本では「カワイイおばあさん」というのが唯一の褒め言葉な気がして、例えば「カッコイイおばあさん」とか「頼りがいのあるおばあさん」にも市民権を！と思っています。

私個人は「只者じゃないおばあさん」とかもいいんじゃない？　と密かに狙っていて、今は全く「若見え願望」からは卒業、すっかりやめちゃいました。

せっかく、立場とか役割に縛られない「自分そのものでいい」年齢になったのだから、「若見え願望」も「年がいもなく」もやめて、お気に入りの服で好きな場所に出かけましょう。

36

ダイエット

燃費はそれぞれ。車体もオリジナル仕様でいこう

実際のところ、これは健康の問題との兼ね合いかな。

明らかに健康上、食生活の改善が必要で、それにダイエットが必須の状況だったら「話は別」ということです。

ただ今回、消化器系の疾患（しっかん）で6キロやせたとき、（結果は6キロで止まったけれど）これ以上やせ続けたら、本当に動く体力がなくなってしまうのでは……という不安に襲われました。

もともと「ぽっちゃり族」だったから、6キロ減ってもガリガリには全くならず、まだよかったのかもと思いました。

で、食事ができるようになり4キロ戻った今、普通に動けるし、以前はあった

膝の痛みも（なぜか）改善したので、このあたりの体重をウロウロできていれば「ダイエットはしなくていいや」と思っています。


ゆっくりよく噛んで食べる。

食べられたことに感謝する。

このふたつをやめないようにさえすれば、基本シニア世代の我々は、ダイエットはしなくてもいいと思います。

外見的には「ぽっちゃり」とか「小太り」と言われても、それが今の自分の適正体重なんじゃないかな。

逆に「いくら食べても太れないのよ」という方、それはそれで「その人の適正体重」だと思います。

もう70年以上走ってきた車と考えると、燃費もそれぞれ、車体のフォルムもオリジナル仕様でいいんじゃないでしょうか。

37

お米を減らす

賛否両論の健康法はホドホドに……

健康的な食に対するその人なりのこだわりが、色々とあるシニア世代。

健康番組は、一時よりはやや減った気がしますが、相変わらず人気があって、録画してまで「みんな観ちゃう」というシニアの知り合いも数人います。

あまりに色々な食事健康法があるから、とても全部は実行できないし、中には「肉をたくさん食べなさい」もあれば「野菜をたくさん食べなさい」もある。

もっといえば「朝食抜き」を勧める専門家もいれば、「朝食をたっぷり」推奨の専門家もいて、これはどうしたらいいんでしょう。

そんな中、私にとっては糖質の代表「お米を減らす」が一番きつい。

人生で最も体重が多かった60代半ばの頃、健康番組大好きな友人のススメでやり始めてみたけれど、1か月も経たずにギブアップ。

考えてみれば、炊きたてご飯よりおいしいものはない！　お米だけはかなり産地や炊き方にもこだわる派なのに、それを制限するなんてムリに決まってました。

言い訳じゃないですが、もともとそんなにどんぶりご飯とか食べてたわけじゃないし、何杯もお代わりしていたわけでもないのに、お米の量を減らせば何か解決する気がしたんでしょうね。

ただ、そのときにご飯茶碗を小さめのものに替えてフワッと盛るようにしたのは、今も続けているから、総量は減ったのかもしれません。

70代になって、大好きなお鮨や安心感抜群の納豆ご飯のない暮らしは無理すぎ。

急に思い出したんですが、幼稚園のときに「ヨウコちゃんは何が好きなの？」と園長先生に聞かれて「マグロと納豆」と答え、母は赤面したらしい。

ブレない女だったことが、今、分かりました（笑）。

ながら食べ

食卓の向こうに座る人のほうが面白いかも

マグロと納豆ラブ歴も長かったけれど、テレビ見ながら食べ歴もけっこう長かったです。

70オーバーの人なら、共感してもらえると思いますが、最初の白黒テレビが家にやってきたときのうれしさはハンパなかったです。

いわゆる「お茶の間」の一番いい場所にテレビが置かれ、うちは三人家族だったのでテレビの正面には父、台所の近くが母、奥が私という配置がすぐに決まりました。

その後、テレビはカラーになり、家具調になったり、サイズが大きくなったり、薄型になったりと進化し、家族構成も色々変化しつつ夕食を食べてきたけれど、いつも夕食のときは、テレビがついていました。

体調を崩したとき、ながら見食べをやめました。

それは、味覚障害や食欲不振を抱えながら食べるのは、「仕事」というか「試練」。テレビどころではなかったからです。

それから、体調が良くなっても「食事のときのテレビ」はもう必要なかった。

おいしく食べられることがうれしすぎて「ご飯やおかずに夢中」って感じでした。

完全に「ながら食べ」をやめました。

テレビの音に邪魔されないせいか、シニアふたりご飯の会話も少しだけ増え、

ああ、夫はカボチャの煮物はデザートっぽく最後に食べるのね、なんてずっとそうしてたはずなのに今さら気づいたりしています。

ちなみに、朝、夜は和食メインなのですが、昼食時はタブレットでボサノヴァとかをさり気なく流して、雰囲気だけカフェ。

ながらも、このくらいがいい感じです。

39

無理な運動

ずっとやめたくないことは今から無理しない

新聞、雑誌などでも、今の70代は体力がかなりあり、運動もよくやっているという記事を目にします。

実際、私も長年テニスを続けていますが、80オーバーの方たちも元気に楽しそうにゲームをやっている姿を見て、励まされています。

もちろん、20年前のようには走れないし、ゲームする時間も回数も減っているのは事実なのですが、それは「無理な運動」はやめる、と自分で決めたから。

今回のこの本は「やめる」ことについて、様々な角度から考えているわけですが、それは「やめない」ことを明確にする作業でもあります。

80オーバーでもゲームをやめないで済むように、今無理な運動をしない。

もう少しハードにできそうな気がしても、それは昔できたから「そんな気」がするだけで、実際にはかなり負担や疲れを感じている場合が多いようです。

ちょっとつまずいたり、足がもつれたり、肩で息をしていたり……。

昔は、そういうことも上達につながると思ったけれど、今はケガをしないようにするために、冷静になって「ここでやめる」勇気というか、決断できる自分でいたいと思うのです。

実際のところ、病気を経て久々にテニスコートに立てたときは、それだけでうれしかったから、もう無理はやめて「うれしい」を優先させることにしました。

それでも翌日よりはもう一日経ってから筋肉痛がやってくるので、その辺も体が悲鳴を上げない自分の運動量を考えて次回に臨みます。

テニスに限らず、スポーツを楽しんでいるシニアは、続けるために無理はやめる！　ということができているのかな、と思います。

40

高級化粧品

若見え願望をやめたら、不思議に若返った

残念ながら、乾燥肌になりしわやしみとも付き合いが長くなった今日この頃で、色々な効果が謳（うた）われた高級な化粧品にすがりたくなります。

本当にこれ使えば、しわや乾燥オッケー？　でも、かなりの値段だから、たっぷり使うとすぐ次を買わなくちゃならないからもったいないかも。

そんな葛藤の中で、清水の舞台から飛び降りるくらいの気持ちで、高級化粧品（いわゆるデパコス）を揃えた時期もありました。

でも、今はやめました。

あるとき、高級なクリームがほとんどなくなっているのに気づいたけれど、デパートのコスメコーナーまで行く時間がなく、近所のドラッグストアでお手軽値段のもののテスターをつけてみたら、匂いもなくていい感じ。

それまでのものより断然安いので、ストック用も買っておき、プレッシャーなく「カサカサしてるな」と思ったら、日に何度も使うようにしたおかげで明らかに肌の乾燥注意報が減りました。

以来、高級化粧品はすべてやめて、常備薬や日用品と同じ目線で化粧品も買うようになり、出費が抑えられ（乾燥も抑えられ）満足しています。

まあ、若見え願望をやめたから、高級の誘惑にも引っ張られなくなったのかもしれないけれど、不思議なことに以前より気分的には若返った感じ。

何より、ブランド名やパッケージのゴージャス感に頼るのをやめ、「たっぷりドンドン使う」に切り替えられた自分に好感を持ちます。

とはいえ、ハイブランドコスメそのものを否定しないし、実はフレグランスだけはずっとシャネル5番のオードトワレ。香りはこれ、と決めているから、あとは実用的な化粧品でいい、というところに着地した次第です。

41

無理して入る風呂

自宅でワクワクする「ナカヤマ温泉」開業！

「温泉に行きたい」と口癖のように言っているのに、家風呂で湯船に入るのが億劫になっていることに気づきました。

とりあえず、汗や汚れが落ちればいいんでしょ！　で入るには入るけれど、夕食を食べるともう動くのが面倒になって、家風呂を楽しめない。

子どもたち世代は「ほぼシャワーで済ませる」らしいけれど、乾燥系のシニアにとって、やはり湯船に入ることは、保温・リラックス効果もあるから「シャワーのみ」にするのも、どうかな。

というより、寒い洗面所で服を脱ぎ着したり、濡れた髪をドライヤーで乾かしたりするのも億劫だから、シャワーだとしてもそれらはしなくちゃいけないわけ

だし。

そんなふうに感じながら「ああ温泉に行きたいな、やっぱり遠いから無理」と嘆くのをやめたい。

この際、家風呂への意識を変えてみる必要がありそうです。

◎体調的に入浴が負担に感じる場合は、無理して入るのをやめる

そんなときは、顔から上半身用と下半身用の二枚のタオルを濡らして絞り、一枚につき1分強レンジで加熱したホカホカ蒸しタオルで、さっぱり。すぐにパジャマになれるのも、うれしい。

髪についても、あまりしんどいときは無理せずドライシャンプーを使うのもひとつの手ですね。

とはいえ、やっぱり湯船に浸かる効果は侮れないので、無理じゃなく入る工夫も忘れないようにしたいです。例えば……

◎出たときにぐったりするほど、長風呂にしない（これもお風呂に入りたくなくなった原因のひとつでした）
◎お気に入りの飲み物を用意しておく
◎好きな温泉の素や入浴剤を入れる
◎ぬるめのお湯や半身浴も取り入れる
◎入る時間帯もお好みで

こう書き出しているうちに、家でお風呂に入るのが義務とかルーティンになっていて、温泉に感じるようなワクワクする要素がなかったと気づきました。

ということで今晩は、その名も「ナカヤマ温泉」。シュワッとするタイプの入浴剤を入れ、炭酸水で割った梅酒も用意しておくつもりです。

42

睡眠時間のこだわり

眠れないなら、ひとり時間を楽しめばいい

お風呂同様、ある意味ではご褒美なのに、義務やルーティンと考えてプレッシャーになりがちなのが、睡眠だと思います。

はっきり言って「バタンキュー」なんて感じで眠れたのは、ごくごく若い頃だけでした。

当時は、そんなの「眠いんだから当然」と思っていたけれど、今や「バタンキュー」なんて夢のまた夢。

熟睡そのものにも体力や若さが必要だったと、しみじみ感じているお年頃のオーバー70です。

とはいえ、バタンキューの頃は起きるのが本当につらかった。つらくても無理

やり起きる理由は学校だったり、仕事だったりしたわけですが、今の我々は「そっちは大丈夫」ですよね。

ちなみに、私の今日の起床時間は、5時48分でした。まだうす暗くて、一瞬「まだ夜中?」と思ったので、デジタル時計を見たら「548」でした。5時過ぎていれば、昨夜何時に寝たとしても私は起きちゃいます。

睡眠時間にこだわるのは、やめたから。

二度寝も昼寝もできる身分にようやくなれたんだから、夜中の眠りが多少浅かろうが、トイレに起きようが気にするのもやめました。

もう朝刊は届いているし、コーヒーを淹れて、今朝の「おめざ」のバウムクーヘンとともに、ひとり朝時間を楽しみました。

その流れで、パソコンに向かってこの原稿を書き始める時間も早かったから、切り上げるのも早くできそうでうれしいです。

正直、体調不良のときにあまりに「夜中の自分が不安すぎる」を経験したので、多少眠るのに時間がかかろうと、夜中に目が覚めようと「あのときの自分よりまし」なので、グッスリ寝なくちゃのこだわりがなくなりました。


もう一回、あのときの体調不良を経験したくはないけれど、経験したおかげで「強くなった」と思うことは多々あります。

睡眠時間にこだわらなくなったのもそのひとつだし、ここまでお話ししてきた数々の「やめる」の根底にあるのは、無理せずがんばりすぎない「鈍感力」を持つ、ということなのでしょう。

「あのときよりまし」を持っている我々シニア世代は、きっと本当はとても強くなっているのです。

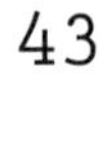

43

なんで私が……

「結果オーライ」マインドにチェンジ

激しい吐き気と腹痛で救急車に乗り、救急病棟に運ばれ入院したのは69歳になってしばらくしてからでした。

その後、69歳の間にもう二回救急車で運ばれたとき「なんで私が……」と思わなかったのか？　と自分に問うてみれば、100パーセント「NO」ではないけれど、そんなには「なんで私が……」と思いませんでした。

昔の感覚で言うと、すでに数えで70だし、あれこれありながらも90歳を迎えることができた両親も70近辺で入院や手術を経験していた、というのも大きかったかもしれません。

それ以上に、「なんで私が……」という文脈だとあとにはネガティブな事柄し

かつながらないから、そういう表現は「やめる」と決めていたせいです。

検査もしんどいけれど、検査結果を待つ時間が本当につらかったです。

でも、もしこれが40代や50代だったら、もっとつらかったはず。子どもや仕事のことが頭から離れなかったでしょう。

70という数字は、もうそういうことがあってもジタバタしなくて済む面があるのかな。

「自責の念」をやめるというお話はすでにしましたが、「他責」もやめる。

自分を含め、誰かを責めても解決しないことがあるのを、70オーバーの私たちは、理屈でなく分かっているはずです。

それぞれが、自作自演の人生を送っているのだとしたら、私は自分に「なんで私が……」というセリフはやめるように言います。

では、何と言わせる？

やっぱり「結果オーライ」でしょうか。

44

活字の小さい本

目にやさしい「新装版」を新しい友にする

衣類と並んで、捨てるのが大変な紙類。

それでも、書類や雑誌などは整理できたのですが、私の場合はなんといっても難敵なのが本です。

引っ越しの際に、段ボール40箱の本を買い取りに出し、しばらくは本棚に余裕があったけれど、気づくとまたギュウギュウ。

職業柄、書いた方々に対するリスペクトがあるし、40箱を逃れた本には、残っただけの必要性も感じていて、本当に悩みました。

もう内容では決められないから、ここは衣類と同じように「きつくなったもの」を処分することに。

洋服なら着てみて「すぐ脱ぎたくなる圧迫感」で査定する。

本は、活字が小さくて「すぐ目をつぶりたくなる疲労感」で査定する。

特に、古めの文庫本はことごとく「目に来る～」という感じで、よくこれをスイスイ読んでたな……というレベルの活字の小ささです。

思い切って、ページを開いた途端「ちいさっ」と思ったものは、やめる。

本棚から紙袋へとドンドン移動させたおかげで、まただいぶ空間ができました。

実は、中にはとっても好きな文庫のシリーズ（例えば、ポアロや鬼平）などもあり、それらは断腸の思いで処分しました。

なんて言っておきながらナンですが、すでに犯人やストーリーが分かっていても、また読みたい話は「新装版」で活字が大きくなったものをベスト版として買い直しました。

自分が書く本も、今はできるだけ活字を大きく！　とお願いしています。

45

自慢話を我慢して聞く

朗らかな70オーバーとしての嗜みを

何度も「聞き上手になろう」みたいなエッセイを書いてきた気がします。

かつては教師だったから「聞くこと」の必要性を感じる場面が多かったことが影響しているかもしれません。

しかし、もう我慢してまで「聞く」のはやめました。

我慢が必要な話の多くは、たいていが「自慢話」。

それが直球で来るか、カーブで来るかは人と場合によりますが、曲者なのはやっぱりカーブ（フォークもあるかな）。

どういうことかというと、最初は悩み事やグチのように見せかけて、実は自慢話だった！　という流れが一番腹立たしいです。

こちらも、最初こそ「同情成分たっぷり」の相槌など打ちながら聞いていたのに（あれ？　もしかして自慢？）に気づくわけです。

こういう罠にはまらないよう、しっかり相手の手の内を見極めましょう。

次回からは「あの人は要注意」の心構えで、次のどちらかを選択。

①　先手必勝で、こちらが先にグチに見せかけた自慢話を始める

②　我慢して相手をせず、その人の話を聞く機会はできる限り減らす

①ができればいいですが、これはこれで自分が相手に我慢させることになるし、あるいはもっとすごい自慢バトルになるかも。ということで、私は②を選ぶかな。

いずれにせよ、聞きたくもない自慢話を我慢して聞いているほど、人生は長くない。

そして自分も我慢しない代わりに、相手にも同様の我慢をさせないことが、70オーバーとしての嗜みかも、なんて思っているところなのです。

46

同窓会、クラス会

個人と個人として、心から楽しくお茶する

「自慢話を我慢して聞くのをやめる」対策として、どんなシチュエーションで出会う確率が高いか、について考えました。

もうママ友という世代じゃないから、その手のマウントや自慢話を聞く機会はないし、趣味の友達とはほぼ趣味の話（プラス健康系）くらいなので、そうストレスはありません。

近所に要注意人物がいたときには、さすがにすぐに引っ越すわけにもいかないから、挨拶やお天気話くらいで早々に用事があることにして堂々と笑顔で退散。

この「堂々」と「笑顔」はかなり人間関係においてパワーがあり、自慢話封じによく効きます。

あと、シチュエーションとして、もうかつての同級生が大挙して集まる場もいいかな。

いわゆる、同窓会やクラス会。

当たり前ですが、ある時期同じ場所で過ごした同じ年のみんななので、懐かしいし、安心感もある。

私も「旧交を温めたい」という気持ちそのものを否定するつもりはないんです。

ただ、かつての若者は、既に70を過ぎている。

その後、過ごした年月が何倍もあるのに、昔のままのスタンスで臨むと「あれ、こんなこと言う人だったんだ」と戸惑ったり、まさに「グチのふりかけ自慢話」ばかりの人がいたりする。

実際、本当に仲が良くてその後もずっと親交がある同級生がいるなら、その人と個人的にお茶したりすれば、別にクラス会で会わなくてもいいんじゃない？

という気持ちになりました。

大勢の人が集まる場所が、昔より苦手になっていて「我慢して」あの人、今度はこの人としゃべったり、思い出せないのに「そうそう、そんなことあったよね」と調子を合わせるのにも疲れます。

正直に言うと、出席すると幹事が回ってくる可能性が高いのにもビクビク。せっかく苦手な経理のおばちゃんをやめたのに、また会計報告とかしなくちゃならないのは、もう私は「勘弁して」なんです。

懐かしい人には「集う会」ではなく、個人と個人として会う。

これからの私は、そっちで行くつもりです。

郵便はがき

105-0003

（受取人）
東京都港区西新橋2-23-1
3東洋海事ビル
（株）アスコム

70歳を越えたらやめたい100のこと

読者　係

本書をお買いあげ頂き、誠にありがとうございました。お手数ですが、今後の出版の参考のため各項目にご記入のうえ、弊社までご返送ください。

お名前	男・女	才
ご住所　〒		
Tel	E-mail	
この本の満足度は何％ですか？		％

今後、著者や新刊に関する情報、新企画へのアンケート、セミナーのご案内などを郵送またはｅメールにて送付させていただいてもよろしいでしょうか？
□はい　□いいえ

返送いただいた方の中から**抽選で3名**の方に
図書カード3000円分をプレゼントさせていただきます。

当選の発表はプレゼント商品の発送をもって代えさせていただきます。
※ご記入いただいた個人情報はプレゼントの発送以外に利用することはありません。
※本書へのご意見・ご感想およびその要旨に関しては、本書の広告などに文面を掲載させていただく場合がございます。

●本書へのご意見・ご感想をお聞かせください。
ご協力ありがとうございました。

47

遠方の告別式

後日、ご家族と一緒にゆっくり故人を偲べれば

コロナ禍と自分の体調不良のせいで、郷里の知人や親せきのいくつかの告別式を欠席しました。申し訳ないと思いつつ、どこかで先方に対して「欠席の理由」があったことに安堵する自分がいることに気づきました。

故人を悼む気持ちは、式に出席することとイコールではありません。

もちろん、行けるに越したことはないけれど、コロナ禍中に亡くなった母を家族だけで見送る形にしたのは、もし遠方から無理してきていただいても、十分に配慮できるかどうか……と考えたためです。

心から悼んでくださるお手紙や電話をいただき、それで十分に母の供養になったと思いました。

そんなことを経験し、今後も（ないに越したことはないですが）遠方の告別式には無理して出向くことをやめました。

緊急の連絡も今はメールやラインで来るのがほとんどですが、伺えない分、お送りする香典や供花には、必ず手書きの手紙を添えるようにしています。

少し落ち着いた頃、先方のご家族からお電話をいただき、慌ただしく大勢の方に対応しなくてはならなかった時期より、ゆっくり故人の思い出話をすることができてよかった……と言ってもらえたときは、ホッとしました。

私も、母の納骨や色々な手続きが済んで気が抜けてしまったとき、母の友人からいただいたお手紙をゆっくり読み返し、その方と一緒に母を偲び、勇気づけられる経験をしました。

冠婚葬祭のありかたも、令和になり大きく変わった気がします。

セレモニーの重要性は十分に理解しているけれど、幸せを祝う気持ちやお悔やみの気持ちは、型通りなものだけでなくてもいい時代になったのかもしれません。

第4章

楽しんでいたいから

——こんな〈クセ〉はやめる

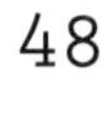

48

松竹梅の「竹」

「松」を頼むことが既にめでたい

三つの選択肢があると、つい真ん中を選んでしまうクセがあります。

例えば、お鮨や鰻、天ぷらの「松・竹・梅」があれば、九割以上の確率で「竹」をお願いします」と言ってしまう。

場合によっては「特上・上・並」というあからさまな分類もありますが、こちらの場合も真ん中の「上」にしてしまう私。

まあ、もともと専門店のお鮨や鰻、天ぷらが安価でないから一番上を頼むのは覚悟がいるし、かといって久しぶりに入ったのに、梅や並はねー。

卑屈になるわけじゃないけれど、そういうお店の人って値踏みしそうな表情で注文取ってたりするから、なおさら真ん中志向になってしまうわけです。

でも「なぜ九割なの」って思いました？

その理由は、今までもお誕生日とか、めでたい何かがあったときなら「松で」と迷いなく言えたので、それを一割と考えたから。最初から「今日は一番いいの」を頼むつもりでその店に来た、ということでしょう。

さて、70オーバーの私たちは、おいしいものを食べに来られるコンディションであること自体が既にめでたいから、もう竹はやめて松にしましょう。

懐（ふところ）事情を考えるならば、二回の外食を一回にしてもいいから、松を頼んでみる。

そのウキウキもご馳走のひとつです。

実は、このやめること100個を考えていたとき、一番に思いついたのが「もう竹をやめる」だったんです。

もちろん、この松竹梅が単に分量の三段階だったら、私は少なめの「梅」。

しかし、料理の質やネタに関する松竹梅なら「松」。

人間としても、もう十分に「特上の松」だと思っていいのです。

いつものヘアスタイル

自分に新しい要素を入れてウキウキする

もうブランドの服やバッグはいらないし、コスメもお手軽値段のものにしたので、ヘアカットくらいは以前よりひんぱんに行ってもいいかな、と思います。

以前はロングヘアだったから、半年に一度カットして、ついでにパーマをかけて、邪魔になるときやテニスのときはゴムでしばってました。

半年も行かずに済ませていたのは、通っていた美容室が遠かったせいだけれど、年の割には髪のボリュームがあり白髪も少なかったおかげもありました。

ところが、介護や病気を経て、髪も細くなり抜け毛や白髪も増えてきて、困ったなぁ……しかし、ラッキーなことにご近所に美容室ができたんです！

これで、ヘアスタイル変えられるぞ。

以前の美容室では「いつもの感じで」というワンパターンなオーダーしかしていなかったけれど、今度のお店はモード系でおしゃれな上に気さくな雰囲気なので「いつもの感じ」のオーダーはやめました。

最初だけはドキドキしたけれど、今はスタッフとすっかり仲良くなって「ちょっとシャギーいれたショートボブでいきましょう」とか「白髪染めじゃなくナチュラルなカラーリングで」みたいに提案してくれるので、とっても新鮮。

ちょっとずつだけれど、何か新しい要素が入るのがうれしいです。

最近は「先っぽおしゃれ」というのを意識していて、髪の先っぽのパサつきをなくそうと、こまめなカットやヘアケアのアドバイスをお願いしています。

おしゃれシニアの友達にも「最近のヨウコさん、髪型楽しんでる」と言われることが増えました。

もし似合わないと思ったとしても、髪は必ず伸びるから「いつものヘアスタイル」オンリーをやめて、ウキウキする時間を増やしましょう。

50 無難な服

きれいな色で日常にスパイスをふりかける

無難というのは便利な言葉ですが、何かと無難なチョイスしがちな自分にちょっと飽き飽きしているナカヤマ70です。松竹梅の真ん中を選びがちだったのに気づいたのもその一例ですが、これからは無難を選ぶのを、極力「やめたい」。

今の自分にとって分かりやすいのは、服選びですね。

これまでは、色違いで何色か展開されているという場合、たいてい黒かグレーを選んでいました。理由はそれが無難だから。プリントなら、小さめの柄で同系色でまとめられたもの。こちらの理由もそれが無難だから。

でも、これから新しい服を買うのに、もうイヤというほど選んできた無難な服を、また買うのはやめない？

材質やデザインに関しては、どうしても痒みや体形の問題があるから、そうそう冒険できないので、着たことのないきれいな色を纏おう。

そんなふうに考えて70越して買った無難じゃない服の代表が、次の三点です。

◎セルリアンブルーのロングカーディガン

◎フューシャピンクのニットトップス

◎ワインレッドのビッグシャツ

セルリアンブルーは、ややグリーン寄りの明るくビビッドな青。イラストを描くときは好きなのでよく使うけれど、60代までは着る勇気がなかった色でした。フューシャピンクも、コーラル系のピンクに比べると色味が強いですが、その分華やかで魅力があります。そしてワインのような深い赤、ウットリ。

この三色がクローゼットに加わったことで、手持ちの服にとってのいいスパイスになり、無難からの脱出ができそうです。

51

すっぴん

プチプラメイク四点で目ヂカラとメリハリ復活

ここ数年、ほぼすっぴんでした。マスクで顔色の悪さや、ほうれい線も隠せるから、油断しまくりのすっぴん。

もちろん、保湿液とUVカットの下地だけは塗っていたけれど、もう顔のメリハリ一切なし!

今でも外出時にマスクをしていても、まったく違和感がない日本ですが、それでも自宅以外でお茶したりする機会も増えたので、このメリハリなしをなんとかしたいと思いました。

コロナ以前のメイク道具一式は、あまりに古くなってしまったので、プチプラの薄づきファンデーション、アイライナー、リップグロス、チークの四点を購入。

これで、すっぴんをやめることができました。

マスクなしだと「誰にも会いませんように」と、近くの買い物でさえそそくさと済ませていたのですが、ちょっと目ヂカラも出て、血色もよく見えると、鏡の中の自分に「元気そうじゃない」と声を掛けられるくらいにはメリハリが復活しました。

車椅子に乗った90歳のときの母だって、デイサービスに行くときは、コンパクトを開けてすっぴん回避。70の私が、３６５日すっぴんでは、母に笑われそうです。

とはいえ、マスカラは目が痒くなるからもうパスにしました。

すっぴんをやめたのにはもうひとつ理由があって、それは「きちんと洗顔する習慣を取り戻す」ということ。

何も塗っていないと、チャチャッといいかげんに顔を洗っておしまいにしがちだったからです。一日の締めくくりのために、すっぴんに戻すためには、すっぴんじゃない時間が必要、ということですね。

52

猫背

背中シャン以上に若々しく見えるスタイルはない！

突然ですが、見出しを書いていて「猫背って猫に対して失礼？」と思いました。

確かに私たちは直立歩行だから、背中が丸まっていたら「猫背はやめようか」になります。

でも、彼ら（猫たち）の全体の動きはしなやかで、優雅とさえいえる印象。

理屈っぽい書き方で申し訳ないですけれど、ドスンとかヨッコラショとはほど遠い彼らの動きは参考にしつつ、背中のラインだけは丸まらないように、と人間たち（特にシニア）は自戒すべきってことでしょう。

実際、背中シャン以上に若々しく見えるスタイルはない！

これは間違いないです。

体形そのものの変化は受け入れている私ですが、背中が丸くなる変化はまだ受け入れたくないです。

母の場合も、90歳までは体が小さくなったとはいえ、そんなに猫背ではありませんでした。着物が着られる世代なので、帯にコルセット効果があったのかなぁ。

ちょっとこれからの自分の背中が心配な私ですが、ひとつ希望の星が……。

仲良くなった美容室の人たちに誘われて、最近、バレエエクササイズを始めました。インナーマッスル系は本当に久しぶりです。

若い人たちと一緒にプロのバレエダンサーの指導を受けられるチャンスなんて、今を逃したらなさそうなので、思い切ってバレエシューズ、レッグウォーマーまで買って「形から入る」ことにしました。

まだ始めたばかりですが、猫には申し訳ないけれど猫背はやめられそう。

着物の帯やコルセットより、自分のインナーマッスルに期待する70歳です。

53

小さい歩幅

しっかり歩く動作が前向きな感情を作る

最近、楽しいことメインでいきたい気分に水を差す出来事がありました。

なんと、右左両方の上の奥から二番目の歯が欠けた。

入院やら手術やらに気を取られて、歯のメンテナンスを怠っていたのは確かだし「仕方ないか」とつぶやきながら、近所の歯医者さんまで行くことにしました。

すると、トボトボ歩く老婆が私と同じコートを着ているじゃない……と思ったら、張り出したショーウインドウに映った自分だったという、ホラーテイストの笑い話でした。

トボトボ歩きになるのも仕方ないくらい、行きたくなかった。

まあ、歯医者にかかるのが大好きという人には70年生きてて会ったことがないから、私の憂鬱は許されると思いますが、老婆に見えるのは勘弁願いたい。

で、気分は十分にトボトボだから「トボトボ歩きをやめる」と考えず「小さい歩幅をやめる」というように意識を変換してみました。

しつこいようですが、全然行きたくないのは一緒。ただし、歩幅が小さくならないようにしてしっかり歩いたら、若干ですが気持ちも前向きになったような気がしました。

なんで歯を治すの？

おいしいもの、ちゃんと噛んで食べたいじゃない。そうです！　今歩いている真の目的は、歯が欠けてから恐る恐る食べている「歯ごたえあるおいしいもの」の完全制覇。

「動作は感情を作る」という言葉を、実感できる出来事でした。

しばらくは通院が続きますが、出かける前にしっかり歯を磨き、歯科医院までの道のりを小さい歩幅で歩く老婆になるのだけはやめる！　所存です。

54

強がり

楽しそうに見せるのではなく、自然体で楽しめばいい

基本は陽気で元気にしてきた私ですが、実はそれのかなりの部分に「強がり」が入っていることを、そろそろ認めなくてはならないと思っています。

これまでの大抵の日々を、まったく不安や心配なしに暮らせていたなんてことはないし、ある程度は強気でいないと立ち行かなかった出来事も多かった。この年齢になるとよく分かります。

でも、歯科医院に行く道すがらトボトボ歩いていた自分の姿を不意に見てしまったとき、小さい歩幅をやめると同時に「強がり」の方もやめてもいいのではないか、と思いました。

楽しそうに見えるのと、楽しいのは違う。

書けば短い一文ですが、そこをちょっと忘れていたかもしれません。

「年をとっても楽しそうに見えるようにしてなくちゃ」と強がって色々詰め込んで行動しているのと、本当に自然体で楽しんでいるとは明らかに違います。

もちろん、いつもしかめっ面でいるのが自然体……というのは、かなり残念なシニアだけれど、そういう人の心の裏側には「強がり」の気配を感じるんです。

私自身に、その傾向があるから分かる。

そう考えると、「カワイイおばあさん」の支持率が高いのは、無理に強がらない「いい具合の枯れ方」というか「ちょっと悟り」みたいなのも含んでいて、「そうなりたいな」と思わせるからなのでしょう。

「只者じゃないおばあさん」になりたい私は、楽しそうに見えるかと人の目を気にするのでなく「どう？　70の自分、それなりに楽しんでる？　しんどいときは、強がらなくていいからね」というスタンスでいこうと思っています。

55

時短

シンプルにゆっくり行動すれば失敗も疲れもなし

根がせっかちな私は、60代までは「時短」大好きおばさんでした。

すきま時間、ながら時間などについての本も何冊か書いていて、とにかく時間を有効に無駄なく使う工夫はまかせておいて！　だったのです。

例えば、今はやめちゃったフードプロセッサーで作ったハンバーグを煮込みつつ、洗濯機も回しつつ、パソコンで原稿を打つなんていうのはごくごく当たり前の日常でした。

私なりの理論では、万一その日書いた文章がイマイチだったとしても、少なくともハンバーグは煮込まれているし、洗濯物もきれいになったからオッケー、という感じ。

ところが、ここ数年は煮込みと原稿は両立しない……どころか、ちょっとメールしたくらいで、ハンバーグのことを忘れてしまい、焦げた匂いでハッと気づく、というような経験を（何度か）しています。

せっかちな性格そのものは、そう簡単には直らないだろうけど「時短」にこだわるのはやめることにしました。

鍋がコトコト煮える間は、少なくともキッチンにいて、サラダ用の野菜を切るとか、乾いた布巾を畳んでしまうなどの簡単な作業をするようにしています。

そして、キッチンを離れるときは、ガスを止める。

けっこう余熱で、いい感じに味も染みるし、何しろ安心です。

こんな流れでひとつひとつのことを今までよりシンプルにゆっくりめにやるようにしたら、失敗も減ったし疲れも減った感じ。

今どきの「スローライフ」や「丁寧な暮らし」っぽいところも、かなり気に入ってます。

56

退屈

没頭できる何かが「いきがい」というもの？

退屈の意味、ちょっと退屈なときに調べてみました（デジタル大辞泉）。

① することがなくて、時間をもてあますこと。また、そのさま。

② 飽き飽きして嫌けがさすこと。また、そのさま。

③ 疲れて嫌になること。

④ 困難にぶつかってしりごみすること。

ふむふむ、すべて納得の説明ですね。

で、退屈の反対語として挙がっていたのは、没頭ないしは熱中。

えっ、反対語は刺激とか興奮じゃないんだ！

これは、ちょっと意外だったんですが、没頭や熱中でいいなら、退屈はやめられそうな気がします。

アガサ・クリスティが生み出した、私も大好きな二大探偵は、ポアロとミス・マープルですが、ミス・マープルはよく編み物をしています。

若かった頃は、編み物は年寄りが時間をもてあましているさま、すなわち退屈な年寄りの行為だと思っていたのですが、とんでもない間違いでした。

編み物こそ、没頭や熱中の最たるもの。ミス・マープルの場合は編み目を間違えないようにしながら「事件の真相」に村の噂話などからたどり着くというエキサイティングな作業もしているわけで、すばらしい没頭ぶりです。

シニアの生活、特別に刺激的なことがなくても全然退屈せずに暮らせます。

例えばある人は、家庭菜園での野菜作りに没頭。またある人は、数独やパズルに熱中。またまたある人は、書道に再チャレンジ。

これらは、私より少し先輩の友達が実際に楽しんでいるあれこれなんです。

57

私なんて……

「うれしい」「ありがとう」で楽しい展開を作る

さりげない謙遜（けんそん）ならともかく、度の過ぎた謙遜は「言うのも言われるのも」、どっちも疲れます。

日本語には、尊敬語の他に謙譲語もあって、マナーの良さも国際的に評価されていて、そういうベースは誇れるし大切にしたいと思います。

ただ、度が過ぎるとホント鬱陶しい。

実際「ナカヤマさんて、褒められてもあまり否定しないよね」と言われることがあって、「そうか、私って謙遜しない方なのか」と思ったものの、その後も褒められても「うれしい」とか「ありがとう」で、「私なんて……」はやめてます。

水掛け論というのもシンドイけれど、こういう会話もシンドイ。

A「そのブラウス、すてきね」
B「そんなことない、安物ですよ」
A「いえいえ、お似合いよ」
B「私なんて……こんな年だし」
A「………」
Aさんに同情しつつBさんにならないよう、私（Y）ならこんな展開にしたいです。
A「そのブラウス、すてきね」
Y「うれしい、ありがとう」
A「どこで買ったの？」
Y「近所のショップ、今度一緒に行かない？」
A「ぜひ、一緒にお茶もしましょうよ」
こっちの方がきっとAさんもうれしいし、断然楽しい展開になってますよね。

58

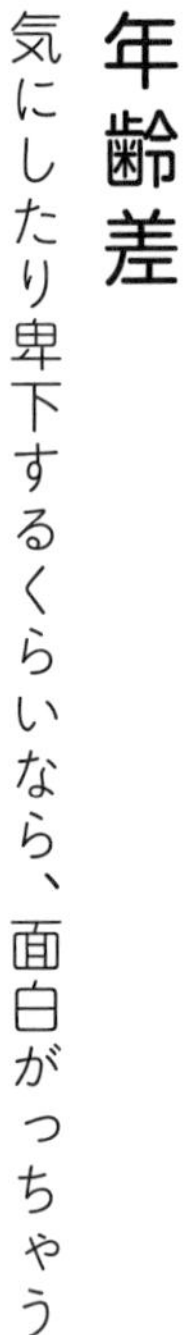

年齢差
気にしたり卑下するくらいなら、面白がっちゃう

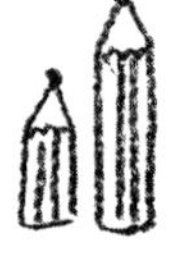

同世代の人と接する気軽さや安心感を十分に味わいつつ、若い人との年齢差を気にすることをやめれば、これからのシニアライフは断然楽しくなると思います。
何しろ、最大70歳差の人間まで存在するってすごくないですか？
考えてみると、自分が子どもの頃はそのくらいの年齢差の人がいましたよね。例えば小学生の頃に仲良しだった近所の駄菓子屋のおばあさんは、80歳くらいだったと思うので、軽く70の年齢差があったわけだし。
そう考えると、30代とか40代くらいのときの方が、ちょっとした年の差でも気にして、自分のことを「もうオバサンだし」とか「若い子にはついていけない」なんて感じが強かったかも。

もう、年の差を気にしないで済むレベルまで（ようやく）来たのだから、年齢差を面白がってもいいけれど、気にしたり卑下するのはやめましょう。

最近、テレビよりタブレットやパソコンでユーチューブを観ることが多い私なんですが、20代後半から30代あたりの人の動画が面白くって仕方ない。

例えば、もも子さんちの丁寧じゃない暮らし、大学のサークルで知り合ったケビン、かけちゃん、やまちゃんの日本やアメリカのあるある話（彼らは話だけでなく歌もうまいです）。最近は、バックパッカーのしょうたくんと一緒に珍しい土地の旅もしています。コメント欄には、若者だけでなく私世代の人も「面白い」と書き込んでいてうれしいです。

加えて、7歳の男子と毎週遊んでいる私。まあ、彼は孫という位置づけですが、電車ごっこもすれば、たまには実際の電車にお付き合いすることも。路線図や発車音に興味がある彼の誘いで、山手線の高田馬場駅で「鉄腕アトム」のナマ発車音を聴いたのも良き経験でした。

59 家族への干渉

その人の人生は、その人のものだから

孫との遊びを書いたから、その流れというわけではないのですが、少しだけ「家族」について触れてみたいと思います。

私は一人っ子だったから、両親の愛情もたくさん注いでもらったありがたさは感じつつ、重荷に思うことも正直ありました。

とはいうものの、自分が実際に一男一女の母親になってからは、母の思いもよく分かりました。子どもはいくつになっても子どもだし、母親の仕事は「心配すること」って言ってもいいくらい。

一方で、子どもにも親を心配する気持ちはあるけれど「独立心」が芽生え始めたあとは葛藤が生まれ、なかなか一筋縄でいかないのが「家族」なんでしょう。

さて、娘であることは数年前に完了した私ですが、妻、母、祖母、姑などのポジションは持っていて、そのことからはありがたさや心強さなどを得ているし、ある種の責任も感じます。

ただし、どういう立場からであっても干渉は極力しないことにしました。

心配や協力はしても、干渉はやめる。

一筋縄でいかないものの、とっても大事な関係だからこそ、ひとりひとりの思いに寄り添い、サポートすることはあっても、侵害したくないんです。

それは、私自身が干渉されたくない気持ちが強いからかもしれないけれど、少なくとも、自分がされたくないことは、友人であっても家族であってもしない。

シニアになった今の私が年の差を気にしないのも、無難な服を選ばないのも、根っこは一緒なのかな。

その人の人生は、その人のものだからです。

60

もう年だし……

今の手札を巧みに使って、やりたいことを逃さない

70オーバーの我々にとって「それになるにはもう年だし……」は、ごく当たり前のセリフでしょう。

でも「それをする」の方なら、もう年だし……を付けなくてもいい場合が、まだまだあることは、この章をしめくくるに当たって言っておきたいと思います。

手札も体力も相当に減っていることは十分に感じつつも「もう年だし……」と言うことは極力やめたい。

もちろん、誰かに「ご一緒に○○しませんか？」と誘われたけれど、それに全く興味がないときに「興味がないので」より「もう年なので」と断る方が、カド

が立たない、というような場合に利用するのは可。

それこそ、年を重ねてきた役得というものです。

ただ、口癖のように「もう年だし……」を多用していると、本当はやりたいことや楽しそうに思えることまで逃しかねない危険性があります。

もうひとつ、「もう年だし……」発言を相手が否定してくれれば、ちょっとは気持ちも動くのにな、という甘えもありそうで、私個人はこの手の口癖には注意しています。

〝愚痴自慢〟も鬱陶しいけれど、〝愚痴甘え〟もやめた方がいい。

「もう年だから……」を代表とする愚痴甘えには、それを否定してほしい期待が含まれている分、落胆も大きいからです。

だって、本当に「年ですよ、私たち」。

だから、日本に住んでて「私は日本人です」と言わないように、「私は年寄りです」とも言わなくていい。

若干は若く見えるとしたって、中年にも、ましてや娘に見えるはずがないし、もしそんなことがあったらドラマでもホラーかファンタジーです。

要は、実年齢は自分自身が一番よく知っているのだから、愚痴にも甘えにも「もう年だから……」を言う必要はなく、そんな暇があったら「少ない手札でどうするか」を考える。

例えば、ポーカーで弱い手でも勝つのは、場数を踏んだおかげで「見る目」や「とぼける」を巧みにやることができる人です。

オーバー70が「もう年だから……」を使うのは、その札を有効に使えると判断した場合だけ。

やりたいことを「もう年だから……」で諦めると、間違いなく退屈で憂鬱なシニアになります。没頭や熱中のある楽しい日々のために、自分で自分を縛る言葉はやめる！　でいきましょう。

第5章

クヨクヨ過ごしたくないから

——こんな〈心配〉はやめる

61

ニュース見すぎ

心配性の自分を守る苦肉の策ではあるけれど

本来の自分が、クヨクヨするのは得意中の得意だから、この章では自分へのアドバイスとして、心配をやめるためのあれこれを考えてみることにしました。

すでにテレビの「ながら食べ」はやめるという件については書きましたが、それを少し進めて、暮らし全般でニュースの見すぎをやめる、を実行しています。

フィクションだと分かっているから、殺人事件が起こる推理小説や（以前ほどは観ないけれど）ドラマもそれなりに楽しめますが、実際の悲劇には打ちのめされるばかりです。

私の場合は、ショッキングな映像もそうですが、耳から入ってくる「つらい言葉」が本当にダメで、それが年を重ねるごとにダメレベルが上がっている感じ。

例えば、アナウンサーが「火事で逃げ遅れた……」と言った途端、動揺してリモコンの電源を切っちゃいます。これ、自分が「冷たい」わけじゃなく、共感して心配しすぎちゃうからと（今は）分かっているので、もう見ないが一番。

その点、新聞なら「不意をつかれる」ことがないのと、ちゃんと文章になっているのと、読む記事の取捨選択ができるから安心です。

新聞の発行部数は減るばかりの昨今ですが、せめてオーバー70の私たちは、この文化を守りたいです。

町の本屋さん、寛げる喫茶店、早朝に届く新聞、私のなくなってほしくないものベスト3かも。

最近は昭和レトロの喫茶店は人気だし、新聞を取っていない子世代は、実家に帰ってくると「新聞読むの久しぶり、なごむー。少しもらってっていい？」。孫が工作で使ったり、食器を包むのに使うらしいです。

あれ、ニュースを見ない話から脱線しちゃいましたね（笑）。

62

健康番組見すぎ

代わりに散歩したり、ストレッチして、健康維持

「もう健康以外のことには興味がない！」と、キッパリ言う友人がいます。

分かるわー、その気持ち。

でも、健康番組を見すぎるのは、どうかなぁ……。

例えば、以下に当てはまると○○○の危険があります、の設問があったとして、

①　なかなか疲れが取れない
②　朝までぐっすり眠れない
③　首や肩のこりが取れない
④　胃がもたれやすい
⑤　階段の上り下りがしんどい

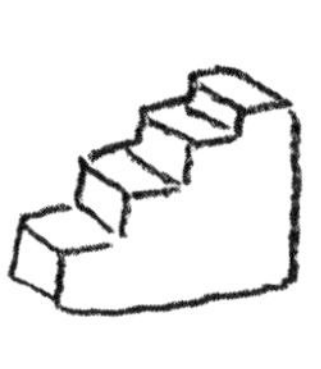

これは、いま私が適当に作った五つですが、〇〇〇のところに当てはまる病気は、いくつでも思いつきそう。でも、これ70オーバーなら普通じゃない？

健康が大事なのは分かるけれど、健康じゃない部分をあちこち探しすぎるのもどうかと思っている私からすると、これからは健康番組を見る代わりに散歩したり、ストレッチしたり、好きな歌でも歌っている方がいいかな。

先のニュースもそうですが、健康番組という名のインプットが多すぎると、知識というより心配ばかりが増える感じ。

インプットしすぎるのをやめて、アウトプットを心がける。

まあ、こんな言葉も健康番組に出てきそうですが、自分にとっての快適な過ごし方は、ほぼ分かっているはずなので、もしかして今のやり方じゃ健康によくないかも、と考えすぎるのはやめましょう。

とりあえず、今日も無事生きられただけで「結果オーライ」ですから。

63

否定的コメント

楽観テイストの言葉には「いいね！」が返ってくる

過剰なインプットはせず、アウトプットを心がけると書いたそばからナンですが、やはりアウトプットするにも一応の心得は必要かもしれません。

簡単に言えば、できるだけ否定的コメントはやめること。

「言霊」まで突き詰めなくてもいいけれど、やはり不吉だったり不安を煽(あお)るようなコメントは意識して発しないようにすることで、クヨクヨと距離を置ける気がします。

入院、検査、手術を経験していた当時は、私がいくら否定的コメントを連発しても誰も「それは大げさなんじゃない」とは言えないくらいの状況でした。

でも、誰かに慰めてもらったところで、否定的コメントは結局、自分の耳にも聞こえていて、記憶に残っちゃうんです。

だから入院中も、自分に聞こえてもなるべくクヨクヨビクビクせずに済むよう、楽観テイストの言葉を選んでいました。

例えば、コロナからの流れで術後も面会ができなかった夫には電話で「リハビリけっこう歩けて、褒められた」とか「昼からお茶が飲めるみたいで楽しみ」。

娘にはラインで「その後も順調でーす」とか「久々の牛乳がうまい」にお茶目なスタンプポン。すると、返ってくるスタンプやコメントが楽しみになります。

実際はあちこち痛くてもまあ術後だから当たり前だし、痛みを訴えるコメントは痛み止めを出してくれる看護師さんにだけ言えば、いい。

家族に、否定的コメントせずに済んだ自分、エライじゃん！　で、予定より数日早く退院が決まったときは、鬼の首を取ったくらいの勢いでコメントしちゃいました。

以上、否定コメントは、自分もインプットするからやめる、というお話でした。

64 スペシャル・イベント

一年間ずっとスペシャルデーとして使う発想に共感！

　ここで、この「やめる」を書くことにしたのは、リアルに今日が私の71回目の誕生日だからです。
　正直、何章のどのあたりを書いているタイミングでリアル誕生日が来るか予想がつかなかったんですが、多分第4章の最初くらいかな、が第5章まで来ていてビックリ！　順調！　実にめでたいじゃないですか。
　さてと、何をやめたいかというと、誕生日などを特別視してスペシャル・イベントにこだわること。
　というより、私は大がかりなサプライズやドッキリは、仕掛けるのも苦手だし仕掛けられるのも恥ずかしい方なので、誕生日当日は大げさなことをせず「普通に良い日」として過ごせればオッケーなんです。

まあ数字に弱いことも多少影響していて、何かの記念日とか人の誕生日とかを覚えられないから、あっ今日って誰か（ごく近しい人）の誕生日だった気がする、と気になってもちゃんと思い出せない。

これは、加齢による物忘れじゃなく、私の特性です。

かつて、ある尊敬する（物書きの）先輩の一言によって「そういうふうに考えればよかったんだ」と救われたことがありました。

その方が古稀（こき）だったお誕生日当日、娘さんは別件がありスペシャル・イベントができない旨を伝えたら、「全然気にしなくていいわよ、今日から一年間ずっと古稀だから、どこかで一緒に食事でもしましょう」。

なるほどなぁ、これは自分の古稀にも使えると、当時はまだ還暦になるかならないか（数字に弱い私なので朧（おぼろ）げですが）だった私は、共感&尊敬マシマシ。

ということで、今は午前9時48分。これパソコンの右下に出ている数字をそのまま書いただけですが、既に不燃ごみを出し、「おはよう、おめでとう」と言ってくれた夫とショート散歩を済ませ、卵かけご飯、サバの焼いたの、ジャガイモ・白菜・ネギの味噌汁、大根サラダという普通に好きな献立の朝食を済ませ、洗い物もしてここにやってきました。

誕生日に、誕生日をネタに文章が書けるなんて、そのことが何よりスペシャルだな、なんて思いながら……。

（追記）ここまでの原稿を書き終えてお茶で一息つこうかと思っていたら、大阪在住でちょうど出張で東京に来ていた息子と、近くに住む7歳男子＆ママ（娘）が一緒にかわいい花束とブローチを持ってきてくれ、流れでみんなでお茶をしに行きました。

このくらい自然なサプライズなら、私も照れくさくないし、とてもうれしい。

おかげさまで、なごやかで「普通以上に良い日」になりました。

65

財布の置き忘れ

カッコイイけど目立つ財布で脳に喝を入れる

今の若い人は、キャッシュレス世代のせいかお財布も小さいのを使っているようですが、私はやっぱり長財布派です。

クレジットカードの枚数こそ少ないけれど、ごひいきのパン屋さん、ドラッグストア、揚げ物店などのスタンプカードもあるし、ある程度の現金は持っていないと不安なシニア世代。

その長財布、地下鉄切符売り場とデパ地下のレジに続けて置き忘れて大ショック。とはいえ、おかげさまで二回とも無事に戻ってきました。日本の治安の良さには本当に感動しつつも、自分を激しく責めてクヨクヨしてました。

クヨクヨしているだけでは三回目がないとはいえないので、置き忘れをやめるための対策を立てる方向にシフトチェンジ。

① お財布が黒で地味だから、もっと派手で目につくものにする

② 外出先で、お財布を出すときにボーッと考え事をしない

そういうことで、71歳の自分への誕生日プレゼントとして、少々早めでしたが、ベースこそ（汚れが目立たない）黒地だけれど、クリーム色でブランドロゴが一面にプリントされている、カッコイイけど目立つタイプのものを買いました。

そして、それを手にしたときには自分に喝を入れて、ボーッと考え事をしないシングルタスクでいることにしました。

あとは、その場を去る前にさりげなく財布を出した場所周辺の「プチ指さし確認」をして、バッグの中も「再確認」。

シニアの外出は、「油断めされるな」の構えでいきましょう。

66

ストイックな節約

「備える」のと「囚われる」のは、似て非なるもの

ストレスを感じるシチュエーションは色々ありますが、やはり何か我慢したあとは危ないですね。

例えば、ストイックすぎる節約のあとに突如訪れるストレス買い。

ストイックすぎるダイエットのあとに、もれなくリバウンドがついてくるのとよく似た構図だと思います。

どちらの場合も一見、相反する行動に見えて、節約も浪費も「お金に囚われている」点では一緒だし、ダイエットと過食は「食べ物に囚われている」点では同類といえるでしょう。

ダイエットについては「やめる」とすでに書きましたが、ストイックすぎる節約とそのあとに発生しやすい浪費もやめたい。

というより、節約しすぎないことが浪費も防いでくれると、私は考えます。

確かに「老後の資金問題」というのはリアルです。

例えば「子どもの教育費」なら、とりあえず何年間というメドがあるけれど、老後の資金はそこが分からないから心配になるのは当然。

とはいえ、何年間というメドがないからこそ、ずっと我慢のストイックな節約ばかりしていると無理がきます。

かつて、実家の近所に「節約家」として知れ渡っているおばさんがいました。母には心を許していたらしく「正直な話、お金を切り詰めるのに疲れて、結局どうしようもないものを買っちゃう」と情けなさそうな顔をして、べっ甲でできたネックレスとイヤリングの豪奢なセットを見せてくれたらしい。

地味そのものだった人とあまりにかけ離れたそのチョイスは、当時高校生だった私が今でも覚えているくらい強烈な「ストイックな節約」の裏の姿でした。

67

定額購入

「一期一会」的にサシで買ってストレス回避

これまでの定額購入といえば、通販とか頒布会といったイメージでしたが、今やサブスクリプション（略してサブスク）が一大ブームのようです。

前者とサブスクの大きな違いは、その扱うものの範囲の広さ。

例えば、音楽や動画配信、本や雑誌、漫画、飲食、ファッションなどなど。

なんと20代の70パーセントはサブスクを利用していて、年代が進むごとに率は下がりますが、60代以降も30パーセント程度の人は何らかのサービスを利用しているようです。

通販や頒布会全盛時代を経てしばらくは、仕事と家事で忙しかった私もいくつかの定額購入をしていました。生活消耗品系が主でしたが、たまには趣味の小物作りシリーズみたいなものも（暮らしの潤い目的に）注文していました。

しかし、たいていカタログに載っているようにはおしゃれに作れず、すぐに次が届いて重荷になり解約も手間がかかり、クヨクヨ。

以降は、小さな会社名義で毎月注文しているもの（飲料や事務用品など）はありますが、私個人での定額購入はやめました。

母が亡くなったあとにも、いくつか入っていたらしい通販の解約に手間取り、サプリや器シリーズなどが箱から出されないまま実家に残っていたのを見つけたりで、流行りのサブスク（例えばお花の定期便など）に興味はあるけれど、これからもシンプルに「一期一会」的にサシで買う姿勢でいきます。

「活用しなくちゃ」「解約しなくちゃ」のどちらのプレッシャーも、今の私にはないのでストレスが減りました。ただ、動画配信サービスだけは子どもたちが登録してくれたサブスクのおかげで、私のタブレットや夫のパソコンでも懐かしの映画や海外ドラマを楽しめています。

68

おすすめ投資

仕事を楽しく続けて見合ったお金をいただけば至極幸せ

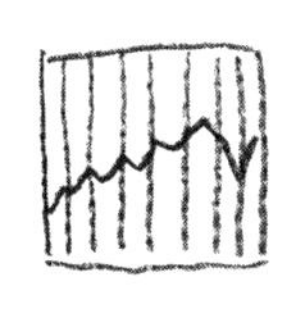

もう何度も数字やお金に関しては、弱い系の発言をしてきた私ですが、70過ぎてからは、すべての「おすすめ投資」をやめました。
金融関係の人の「預金のままにしておくのはもったいないですよ」と言ったそばから「そろそろ相続税対策をしないと心配ですよ」が同じ口から出ることに、正直戸惑う私。
「もったいない」にも「心配」にも心は揺れるけれど、もし投資して儲かったとして、今度は節税のためにまた色々お金を動かすなんて、私にとっては意味が分かんない。
「増やせ、減らせのどっちなの？」

ほぼ自営に近い小さな会社で自分たちの腕だけでコツコツ働いてきたシニア夫婦に、もう今さらの「おすすめ投資」は必要ないです。

それより、まだお付き合いが続いている人との「長年の仕事」を、無理なく楽しんでやって、それに見合った画料や原稿料をいただければ至極幸せ。

今さらの「おすすめ投資」をするより、今後も仕事だけでなくプライベートでもそれなりに「必要とされる自分でいるための投資」、例えば、食事内容の充実や読書で脳の活性化、散歩や体操で動ける体作りなどを大事にしたい。

金融関係のあれこれ「上がった、下がった」をゲームのように楽しめる余裕ある投資に強いシニアなら別ですが、もし今までそんなに経験がないなら、今さら投資で「一喜一憂」しなくてもいいんじゃないかな。

それより「足るを知る」の境地になれば、もっと深く豊かなシニアライフを送れる気がする今日この頃でございます。

69

男女差

「カッコイイ」「カワイイ」、どっちがどっちでも歓迎

ジェンダーという言葉はすでに市民権を得て、かまえずに使えるようになったことは、うれしいです。

オーバー70の私たちは、男女平等という言葉をよく聞いて育った世代。

ただ、言葉を聞いたり使えたり……というのと実態が違うのは明らかで、夫や周囲の男性に不満を持っているシニア女性は多いし、経済的不安も「単身女性」の方が圧倒的に「単身男性」より多いらしいです。

とはいえ「日常生活そのもののクオリティ」に関していえば、圧倒的にシニア単身男性の方が不安が大きいはず。

これ、どっちの負けとかいう話でなく、せっかく戦後の（かなり）開かれた教

育の中で育って、シニアになったわけだから、年齢差だけでなく男女差に囚われてクヨクヨすることもすっぱりやめたいという話です。「カッコイイおばあさん」と「カワイイおじいさん」の組み合わせとか、よくないですか?

それで思い出したのが、昔となりに住んでいたおじいさん(当時80代)には同年代らしきガールフレンドがいて、よく外車で颯爽とおじいさんを迎えに来ていました。

おばあさん、つまりおじいさんの妻が「よろしく」と言うと、ガールフレンドが「借りていきまーす」。

ちなみに、粋でおしゃれなおじいさん、ほぼない髪を整えに「床場に行ってくらぁ」と毎週のように出かけてましたね。

その間のおばあさん?

民謡踊りが大好きで、そそくさと浴衣に着替えて公民館にお出かけ。

もしかして私、当時のシニアに負けてるかも……。

70

堂々めぐり始まったら、とりあえずカラダを動かす！

もっと若くて、もっと忙しい頃には楽しいことも心配ごとも、次々にやってきて「ハイハイ、次！」という感じでした。

今になってみれば、あんなに色々なことがあったのに、もっとじっくり味わえばよかったな、と思わなくもないけれど、こと心配に関しては「ハイ、次！」と切り替えられたことに、我ながら感心しています。

そんなことを回想している今の私がやめたいのが「心配の堂々めぐり」です。

「もう、それ心配するの何度目よ？」と自分に言ってやりたい。

オーバー70ともなると、昔ほどには色々な事柄がドンドンやってくるわけじゃないから、ひとつの心配や失敗を何度も思い浮かべるヒマがあり、堂々めぐりしがちという面はあるかもしれません。

そんなシニアの心配ごとの堂々めぐりをやめるのに何が有効？

シンプルな対策ですが、とりあえずカラダを動かすことじゃないですかね。

それが家事（掃除とか）に結び付けば、なおさらいいですが、単に部屋の中を歩くだけでいいと思います。

つまずいたりしないように、床になるべくモノを置かないようにしたシニア部屋であっても、意識して歩くとなると、そっちに注意が集中します。

私の場合は、リビングに置かれた文字大きめのデジタル時計を見て（今から15分経つまで）と心の中で決めて、広くない部屋の中を背筋を伸ばして歩きます。スリッパはやめて滑りにくいソックスか、寒くない季節なら裸足も悪くない。
5、6分経つと、もう早く時計の数字が増えないかな、くらいしか考えられなくなって、堂々めぐりなんてしている余裕はなく、終わったときには血流もよくなり、ナニ心配してたっけ？ という自分になれているはずです。

71

損得

損得から解放されればクヨクヨのほとんどは消える

何が幸福で何が不幸なのかも定義が難しいけれど、実は何が得で何が損なのかも、分かりやすいようで意外に難しい。

というのは、単に買い物の損得であっても「割引前に買っちゃって損した」と思っても、そこまでの期間に楽しめたり有効に活用できたとすれば、それはそれでお得だったともいえる。

割引まで待って、安く買えても「すでに時期遅しでほとんど使えなかった」という場合、これは得？　それとも損？

正直に言って私は、得はそんなに求めていないけれど、損することが自分に与えるダメージには弱いので、この手のゲーム（？）には、あまり参加しません。

特にシニアになって物欲はそんなにないし、人間関係においても「この人とは付き合っておいた方が得だから」というような考えは、すっぱりやめました。

要は、好きでもないことや人やモノに「お得だから」と関わるのは、ストレスや費やす時間を考えると、既に損なんじゃないかな。

損得寄りの生活をやめて、ほぼ好き嫌い寄りで暮らしていきたい今日この頃の私です。

さっきの歩くのも、15分はつらいと言いつつ、どこかで面白がっている自分がいるし、歩数計アプリに表示された「素晴らしいです！　模範的です！」のお褒めの言葉がうれしい。褒められるの好きなんです（笑）。

多少は損をしても「今は、これでオッケー」。

ちょっと得をしたときは「今回は、ラッキー」。

このように、損得から解放されれば、心配やクヨクヨのほとんどから解放されるのではないでしょうか。

穏やかな毎日のために

——こんな〈キライ〉はやめる

72

SNS依存

穏やかな毎日のために熱中と依存の線引きを上手に

自分ではそんなにSNS系に依存していないと思っていたものの、改めて一日を見直すと、パトロールのようについ見ちゃうモノが結構あって、オドロキ。

リアルな生活で、他人の私生活や噂っぽいものに関わるのはやめた分、自分の手元で気軽にできる、スマホやタブレット、パソコンであれこれ見ちゃっていて、ゼロにはできないだろうけど極力やめたいです。

ブログやインスタグラムとか、自分はやっていないけど、習慣的に「覗いてみようかな」で開いてみると、まあすごい！

もちろん、多くの人に見てほしい「インスタのプロ」みたいな人のものは、華やかだったり気合が入っていたりしても、そうザワついたりしませんが、なまじ

（中途半端に）知っている人のが曲者（くせもの）です。

えっ、こんなすごい店の常連、お宿も超一流、装いもさりげなくリッチなんだ……これにはシニア枠であってもチロチロと嫉妬が湧いて、今の自分の立ち位置がつまらなく、そんな自分がキライに思えたりするわけです。

また、ごく親しい人のものだと、加工したりごまかしが分かりすぎて、これはこれで腹立たしい。

いずれにせよ、連絡系のラインなども含め、つい他人のことが気になってしまうときは、自分の暮らしが充実していない証拠だから、散歩で自然に触れたり、興味のある本を読んだり、気の合う人とじかに会ってお茶したりしています。

熱中と依存の線引きが難しい場合もありますが、イライラや自己嫌悪になるほどだと、これは「好きで熱中している」を超えている可能性大。

穏やかな毎日を送るためには、「情報を追い続ける」より「やや疎遠」くらいのスタンスでいる方が、疲れないし満足感も味わえると思います。

73

義理の習い事

本当に好きなことだけ続けていこう

「リア充」という言葉がごく普通に使われるようになって、もうだいぶ経ちます。その言葉が生まれる前から、私たちは相当にリア充を追求してきた世代なのではないか、と思うことがあります。

第1章でブランドバッグが欲しくてたまらなかった頃のことを書きましたが、DCブランドやアンノン族、ニューファミリーやバブルなど、リアルにぐってきた世代なので、基本は「欲しがり」なのではないでしょうか。

病気を経て、自分ではだいぶ枯れてきた気がしていますが、気がしているだけで、この本を書く気持ちになるまでは、正直「やめる」をそんなに真剣に考えていなかったのかもしれません。

ただ、いよいよ、億劫だったりしんどいが増えてきていたことは確かなのに、なんで未だに忙しぶっているんだろう……と思い始めたわけです。

そんな中、義理の付き合いは、極力「やめた」と思っていたけれど、まだ残っている義理がありましたね。

それは、友人や知り合いに誘われて「お付き合い」で始めた習い事。

リア充前からのリア充世代なので、習い事とかお稽古という「自分を高めてくれ、かつ賑やか」なものをいくつも持っていることを良しとする傾向があったのは確かです。

私自身、かつてはその手の習い事をいくつも手帳に書き込むことに満足していました。予定びっしりが楽しかったあの頃。

でも、今は一日にいくつもの予定が入っていると、プレッシャーを感じるから、本当にやりたいことを残して、義理やマンネリの習い事はやめる。

シニア世代は、本当に好きなことを続けられる間、続ければいいんです。

74

顔色を見る

人付き合いは相性。「自分のスキ」を優先して構わない

〝愚痴自慢〟を我慢して聞くのは既に「やめた」わけですが、これからはもっとシンプルに、苦手な人との付き合いは全部やめる方向で行動していいと思います。先に書いた義理の習い事なんて、まさにそう。

多分誘ってきた相手が苦手な人で「断るのもしんどい」で始めた可能性が大。人付き合いには、相手との相性があるから「合わない」人の顔色を見るのはもうやめちゃいましょう。

しばらくは、居心地が悪かったとしても、顔色を窺(うかが)っていたときより確実にラクに接することができるし、会わなくて済む状況ならもう会わなくてオッケー。

もし自分への悪口や風の噂的なものが耳に入ってきたとしても、ここは「馬耳

東風」で、放っておくのが正解です。

こちらが「キライ」と感じる場合、相手もこちらを「キライ」と思っている確率は高いから、お互い同じ時間や空間で「生息する」のをやめればいい。

もうそんなに劇的なエネルギーや行動力は残っていないので。これで円満に疎遠になることができ、誰かの顔色を見ない穏やかで清々しい日々を送ることができます。

顔色を見る仕事はまだ若くて多くの付き合いを経験しなくちゃいけない人たちに任せて、余裕のシニアは「お疲れさま、大変だけどドンマイ。いずれは人の顔色見なくても暮らせるようになるから、それまでがんばって」と（声に出さずとも）エールを送ってあげましょう。

ようやく「自分のキライ」より「自分のスキ」を優先できるようになったのだから、気にするのはせいぜい今の自分の顔色はどう？　くらいでいいんです。

75

おまけつき商品

潔く、ストレートに欲しいものだけ手に入れたい

最近の値上がりのすごさは、本当に腹立たしく呆れちゃうレベルです。

特に、食料品ときたら……。

定価が変わっていない場合でも、数が減るか小さくなるかで結局は値上がりだし、正面切って「上がってます」と言わない戦略が、ますます腹立たしい。

なのに、頼んでもいないのにおまけをつける商品、昔からキライなんです。

なぜ、そんなものをつける？

どうして、こんなおまけをみんなが欲しがると「社内会議」で決まった？

何か、怒りっぽい老人になっているかのような書きっぷりですが、過去にはおまけの魔力に負けたこともありました。

一番にあげられるのは小学生のときにマーブルチョコレートについていた「鉄腕アトム」のシール。というより、シールが欲しすぎて、お小遣いのすべてをマーブルチョコレートに費やし、母に怒られた。

そんな小学生が母になると、息子がビックリマンのシールにはまり「因果応報」の四字熟語が頭をよぎったものです。

話が完全に逸れているので戻しますが、今はシンプルに本来買おうとしているものだけが欲しいんです。

おまけは小さい余分なものなのに、なぜかラッキーアイテム的なところがあって、とても捨てづらい。下手すると、コレクションしたくなる誘惑にかられたり。やっぱりアトムのシールの魔力から未だに脱していないのかも。

過剰なパッケージやこちらが望んでいないコラボも含めて、冷静に実直に買おうとしているシニア消費者を惑わすのはやめてほしいです。

それより「何も言わずに商品を小さく、少なくするのをやめい！」が本音かな。

76

贈り物の見返り

「どっちでもいい」精神で、穏やかで美しい境地

マナーの本を書いたことがあります。

教員を退職したあとの最初の職業はイラストレーターで、その後エッセイも書くようになったから、本文を頼めてイラスト部分も著者に任せられるという観点からすれば、私にマナーの本の依頼が来るのはそんなに意外ではありませんでした。

しかし、編集者は知らなかった。

私が、どちらかというと「アンチ・マナー派」だということを。

正直、最近までは「マナーにこだわるの、キライ」な自分は封印してたかな。

本の依頼が来て、断らずにさもさもらしく書いちゃった過去もあるし。

さすがにそのときは、間違ったことを書かないようしっかり資料を読みました。

それはそれで面白かったです。「なるほどなぁ、こういう流れでこういう作法やマナーが生まれたんだ」をお勉強できたのはいい体験だったけれど、「自分でこれやるのは面倒だな」が正直な感想でした。

礼儀と言いつつ、格差や打算が感じられるのもキライ。

で、本題ですが、礼儀やマナーとして贈られてきた品には、ちゃんとそれに則（のっと）ったお返しをする私ですが、自分が好きな相手に好きなものを贈った見返りを期待するのは（基本）やめました。

本を書くために色々なマナーの知識を仕入れはしたけれど、私は飄々（ひょうひょう）とした自由なシニアでいるのが理想なので、細々したマナーやルール、見返りはもうどっちでもいいです。

目上と呼ばれるのもそんなに好きじゃないし、前にも書いたけれどスペシャル・イベント要求派でもない。

見返りを求めない境地、穏やかで美しいと思います。

77

ヒソヒソ話

関わらない＆気にしない。これで困ることは一切なし

どちらかというと、アンチ・マナー派だということをカミングアウトしてしまったので、調子に乗ってもっとキライなことを挙げることにします。

それは、ずばり「ヒソヒソ話」。

本当に、するのもされるのも大キライ。

これまでは誰かからヒソヒソ話を仕掛けられ、ついついお相手になっちゃって自己嫌悪になったこともあるし、確実に私のことヒソヒソ話しているな……の場面に遭遇し、怒りや悲しみ、疎外感のようなネガティブごっちゃまぜなメンタルに陥ったこともありました。

幸い（？）やや、耳も遠くなってきたことだし「馬の耳に念仏」的に、そうい

う類のことは、単なる雑音として一切関わらない&気にしないことにしました。

「人の悪口を言っているほど、人生は長くない」

っていう言葉や、

「自分と友達になれば、孤独になることはありません」

という言葉も、自分の日記帳にメモしてあるところを見ると、きっとどちらも「人生の達人」の名言でしょう。

ヒソヒソ話をする人は、自分と友達になれていない人。

悪口を言う人は、今の自分が満たされていない人。

これは、先のふたつの名言を受けた私の意見なんですが、若い頃以上に「そうそう、その通り」と自分で納得です。

ちなみに、図書館や美術館などでは、私もヒソヒソ話すことはあります。

あっ、これってマナーといえばマナーだ。マナーも深いなぁ。

今、この本を書いているおかげで、色々と興味が尽きなくて面白いです。

78

良かれと思って……

耳の痛い話は、言わず、聞かざる

ヒソヒソ話のついでに、枕詞(まくらことば)のようにつく大キライな言葉があるので、それについても書いちゃうことにしましょう。

それは、どこかで囁(ささや)かれていた私や私周辺の（良くない系の）噂話を、親切めいた表情で「良かれと思って……」で始める一連のご報告です。

もしかしたら、私のことがキライらしい言い出しっぺの誰かより、「良かれと思って……」と一見親切を装う報告者の方にうんざりします。

私は、これはやめたというより、もともと「エゴサ」しない派。

エゴサというのは自分の名前をネット検索すること。もしかしたら、中にはそれなりにうれしい意見や感想があったとしても、ひとつでも悪意の評価があったら、そっちに打ちのめされるタイプなのが分かっているからエゴサはしない。

それと同じで、ザワザワせずに、穏やかにこれからの毎日を送りたいから「良かれと思って……」は、言わないし聞かない。

まあ、言わない方は自分が意識すれば回避できますが、もちかけてくる（親切仮面を被った）報告者にはどう対処するか。

「ごめんなさいねー、私は打たれ弱いから、もう耳の痛い話は聞かないことにしているの。もう年だし……」

そうです、こういうときには「もう年だし……」ワードは有効だから、本心ではないとしても使います。

ただし、言葉はシニア口調にしても、自らの目ヂカラまでは消さないように。

「只者じゃないおばあさん」希望として、今後はこの手の人に煩わされたくないので、少しハッタリもきかせます。

だてに70年生きてきたわけじゃないですからね。

79

仏壇
私らしいお参りを生活の中に溶け込ませた

実家にあったちゃんとした仏壇は、母が東京に越してくるときに、お寺さんに頼んで「仏壇じまい」を済ませました。

以降は、母が存命のときはマンションのキャビネットの上に父の位牌と祖父母の命日等をまとめた冊子を、供花やお茶などと共に仮置きしていました。

母の没後は、とりあえず我が家の一階にあるキャビネット上に両親の位牌コーナーを作りましたが、考えた末に既製品の仏壇を再び買うことはやめて、この場所を定位置にしました。

位牌を注文する際、父のものと対になるよう大きさや素材を吟味し、お鈴や線香立てなどはセットでなく私が気に入るものを少しずつ時間をかけて探しました。

ちなみに、ふたつの位牌に刻まれた戒名は、父が「生前戒名」として、自ら好きな漢字を選び、母のものも一緒に用意しておいたものです。漢字フェチだった父らしい「終活」だったのかもしれません。

イラストレーターである夫がパステルで描いた抽象画を背景にしたせいか、部屋の雰囲気にもよく合う心安らぐコーナーになったと思います。

同じ一階に仕事場もあり、コーヒーメーカーはそこに置いてあるのでスイッチを入れてから、お位牌コーナーにお水。蓋つきのお茶碗もお気に入りのものを使っています。モダンな球形のお鈴の音色は涼やかでよく響き、鳩居堂のお線香の薫りとともに穏やかな朝が始まります。

きちんとした仏壇はやめたけれど、かえって生活の中にいい感じに朝のお参りが溶け込んでいる気がします。

そのあとは、モーニングコーヒーと朝刊を持って二階のリビングへ。

このルーティンのおかげで、本日もいいスタートが切れました。

80

親の法事

無理なく自然に偲ぶやり方を探せてよかった

これは、仏壇をやめる以上に「親の法事をやめるって、どうなんだろう」と思われる方が多いと思います。

私自身、読んでくださった方に勧めるというより、ごく個人的に考えていることを、この際だから書かせてもらおうかな、というスタンスです。

まず、私には兄弟姉妹がいないことが大きいです。

そして、父が亡くなる前に我が家近くの墓苑の小さな一区画を、私たち夫婦で相談して買ったこと。

実は父の生家から数キロ離れたところに、先祖代々が祀られた大きなお墓がありますが、父も母も東京からお参りに来るとなるとほぼ一日を費やす「あの場所」は……と、躊躇していることを私たちも感じていました。

ただ、当時の父は体調を崩していたとはいえ存命中。「お墓購入」の話をするのはどうかな、と思ったけれど母を通じてそのことを伝えたところ、とても喜んでくれました。

まあ、生前戒名を希望するくらい文字にこだわる人だから「墓石の文字は自分が書いたものを彫ってもらう」ということになりました。

で、ようやく法事の話になりますが、命日やお彼岸、誕生日、ふたりが出会わなかったら私はいないわけだから、自分の誕生日にも感謝してお参りしています。「今年一年は古稀」という考えと共通するのですが、私としては一年中いつも感謝の気持ちは変わらないので、何回忌というセレモニーはせず、そのつど季節の花を持ってお参りに行くことを、シニア生活の一部にしました。

個人の考え、地域の風習、宗教観などがあるので単純ではないけれど、無理なく自然に、その人らしく偲ぶやり方が許されるのではないかと思います。

81

夜の決断

とりあえず保留。翌朝、深呼吸して考える

最近やめた代表的なことが、夜に何かを決める習慣です。

というのは、夜決めると自分の脳が疲労しているせいか、ネガティブになったり、極端に走ったり堂々めぐりしたりと、いずれにせよ役立つ「有効な決断」とは言いがたいからです。

昔よりは忙しくない日常とはいえ、一体いくつくらいのことを決断して夜までやってきた？　と一日を思い返すだけでもドッと疲れそう。

選択することが多すぎる現代。

ルーティン化もできるけれど、あまりに同じだと飽きるし、世の中には色々選べるものがあることを知っているから、やっぱり「いつもので行くか」「それと

も別の何か」と、やっぱり選択しちゃいますね。

万一「別の何か」の方を選んだら、またいくつもの選択肢があって、ふーっ。

まあ、それでも選択作業の合間に「とりあえずお茶」とかで一息つくわけですが、そのお茶の種類や銘柄も選んで決めなくちゃだから、エンドレス。

結局「生きるってことは、選ぶってこと」なんですね。

このように決断し続けて迎えた夜なのですから、もうできるだけ考えたり選んだりせず、のんびり休みましょう。

それでも、決断してしまったら？

とりあえず、夜の決め事は「朝まで保留」。

翌朝、カーテンを開けて深呼吸して、昨夜何か決断したっけ？　で内容を思い出せなかったら、その程度のこと。そのまま「忘却の彼方」でいいし、もし覚えていたら朝の自分にもう一度ジャッジさせてみましょう。

あまり夜の自分に無理をさせないのも、シニアならではの賢い知恵です。

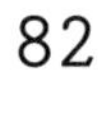

82

わかりっこない

明るい諦めで人間関係もメンタルも良好

私はやめたい口癖の数や種類があまりに多いので、あちこちの章に登場させていますが、この「わかりっこない」も、ぜひやめたいもののひとつです。

「わかりっこない」の場合、大きく分けてふたつの使い方があります。

ひとつめは「私の気持ちなんて、わかりっこない」というように、こちらの気持ちを理解してもらえない嘆きテイストでつかう場合。

ふたつめは、まさにその逆「あなたにそんなこと言われたって、わかりっこない」と、相手に「どうして理解してくれないの？」と詰問されたときに返しがちな「わかりっこない」。

このように「わかりっこない」は、周知の事実なんだから「もう言わなくてい

いんじゃない？」。

シニアになったからというよりは、もともと人間同士が１００パーセント理解し合うなんてムリな話、その辺のことで期待して結果ガッカリするのはもったいないですよ、ということになります。夫婦や家族だって、ひとりひとり違う人間だし、私と同じ71歳O型なら「何でもわかる」なーんてわけもないし。

「わかりっこない」などとわざわざ言わないで「なるほど、そういう感じ方ねー、みんな違ってみんないい」と金子みすゞ調でまいりましょう。

どんなにムキになっても、人のすべてはわかりっこないし、自分のことだって結構わかっていない気がします。相手から価値観を押し付けられた場合は「私はこれでやってきちゃったから」と受け流せばいいんです。

もし、それで離れていく人なら、そこまでのご縁だったということ。

過剰な期待がなくなれば、落胆やキライもぐっと減るのです。

83

白黒つける

人生、グレーがあってこそ面白い！

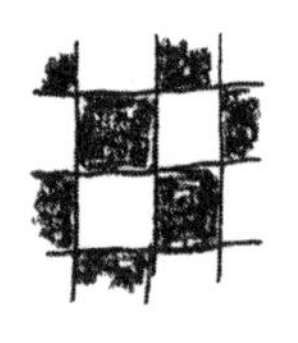

もともと白黒の市松模様とか、大好きな私です。

仕事場のキッチンをリフォームしたとき、床は白黒の市松のPタイルにしてもらったし、ヴィトンのバッグで最初に買ったのも市松のダミエ。

それはおいといて、性格的にも「きっちり白黒つけたいタイプ」で長年生きてきた気がします。

「ハキハキしてて分かりやすい」と言われた若い頃は、それでもよかったけれど（本当は周りは迷惑だった?）、最近は「白」と言ったものの、最後まで責任取れないなオロオロ……みたいなシーンも増えてきました。

グレーゾーンなんてキライかと思っていたけれど、白と黒はモノクロの帯の端っこ同士で、よく考えたらあとはすべてがグレーの仲間。ライトグレーから、ダークグレーまでのグラデーションは、墨流しのようでもあり大人っぽいです。

私を含め、白黒つけたがるタイプの人間は「で、結論は白？　黒？」というように、性急にはっきりさせたがり、自分よりゆっくり考える人に苛立つ、せっかちが多いのです。

シニアになって、そんな自分のカドが取れてきたのか、白黒つけるのに疲れてきたのか、色々な段階のグレーがあってこそ面白い、とやっと考えられるようになりました。

それでも白黒体質がひょっこり顔を出して、イラつくときには「グレーもなかなかきれいだよ」と自分に言い聞かせ、深呼吸のひとつもするようにしています。

最初から穏やかでおっとりした人からしたら、「そんなの当たり前」なのかもしれませんが、長いこと「白黒派」でやってきた私にとっては、70を越えてようやく穏やかに生きる方に舵を切れたのかもしれません。

84

世間体

多数決の正解より自分の直感でいきましょう

気にしすぎは何にせよ、もうやめようと思っていますが、中でも世間体というどこか曖昧なものに気をつかって、したくもないことを義務や義理でするのは即やめたいです。

世間体は私にとっては曖昧でよく分からないものなので、ちょっと本来の意味を調べたくなる。これは義務でなく、単なる好奇心なのでお付き合いください。

まずは、世間を調べます。

「世間　せけん（ｇｏｏ辞書）

①　人が集まり、生活している場。自分がそこで日常生活を送っている社会。

　世の中。また、そこにいる人々。

②　人々との交わり。また、その交わりの範囲。」

その他にも、仏教用語としての世間などもありますが、今回は割愛。で、

「世間体　せけんてい（デジタル大辞泉）

世間に対する体裁や見え。」

世の中にある一般的な習慣などを守ることによって、人前で恥をかかないようにするという意識や見栄えのことを指します。

なるほどね、人前で恥をかきたくない気持ちを指しているとすると、やっぱりそんなに気にしなくて大丈夫そう。

世間体を気にして、いちいち正解の行動を選んでいる間に「今」はあっという間に飛び去っちゃいますから、もうシニアの直感でいきましょう。

これ、せっかちなのとは少し違います。正解探しに使っていたエネルギーを、今、行動し対処するためのエネルギーとして活用しようということなんです。

85

みっともない……

ハッピーで軽やかな気分になる言葉だけを口にする

　私たちが子どもの頃は、よく大人の発する「みっともない」を耳にしていた気がします。

「そんな格好して、ホントみっともない」「お願いだからみっともないことはやめなさい」。昭和のホームドラマなら、割烹着を着たお母さんが顔をしかめて言ってそうなセリフでもあります。

　その他にも、今のコンプライアンス的にいえば、不適切発言がてんこ盛りだったなぁ。男尊女卑だったたし、職業差別もあったたし、昭和的ルッキズムというか、身体的なことに対しての表現もあからさまでしたね。

　まあ、一部の人だけが言っていたわけじゃないから、仕方ないんだろうけれど、その当時の子どもだった私たち世代で「みっともない」という言葉はやめて、おしまいにしたいです。

「悪気があってのことじゃないのかも」という意見もあるでしょうが、令和のシニアは、もう少しスマートで良き表現をしたいですね。

今さらですが、発する言葉は、本当に大事です。

「みっともない」の類語のひとつが「見苦しい」。相手に不快感を与えるという意味では、こっちですかね。

もうひとつの類語は、より客観的かつシリアスになっちゃう「醜い」です。

いずれにせよ、類語も含めてこの辺の誰が聞いてもいい気分になりようがない言葉を口にするのはやめましょう。

今を軽やかにハッピーに暮らしたいから、これからは一層ネガティブな言葉が口癖にならないよう、我がシニア心にしっかり言い聞かせたいと思います。

皆様も、どうかご協力くださいますよう。

86

捨てすぎ

安心して寛げる、ほどほどの物量をキープする

ダンシャリもミニマリストも、そう特殊な暮らし方でなくなったのは、ある意味「物質主義」に振れすぎていた昭和の呪縛から解放された爽快感があります。とはいえ、あまりに風潮にあおられたり影響を受けたりして、捨てすぎちゃうのもどうかなぁ。

捨てるのが義務やスローガンになる生活は、私個人は好みじゃありません。

例えば「思い出の品」はデジタルの画面に収めて、実物はすべて処分。そういうやり方もあると思う。でも、感触とか大きさとか匂いとかも、「思い出の大切な部分」かもしれないから、そこは無理してほしくないです。

ダイエットは食に囚われている場合が多いし、節約もお金に囚われている……

と、すでに書きましたが「捨てすぎ」も、逆にモノに囚われて「次に捨てるもの」探しが仕事みたいにならないように注意したいです。

こんなことを書いたのは「捨てすぎ」を後悔して、やや鬱っぽくなった知り合いの話を聞いたため。

ガランとした部屋で「自分の物語」の大事な役割をしてくれていたはずのモノたちの不在を強く感じちゃったらしいです。

「あったときには、別に気にもしてなかったのにね」と。

まあ、捨てることがきっかけになり新しい何かを始められるタイプの人もいるでしょうが、モノが少なく片付いているのだけが正解というわけではないから、捨てるの、無理にがんばりすぎなくていいと思います。

ただし、私個人はこれも先に書いた通り、床には極力モノを置かないことや、壁に何か貼ったりしないのは、個人の都合と好みで実行しています。

そう、自分が安心して寛げる部屋が一番！　です。

87

終活

予定通りにはいかない未来も、また面白い

○○活というのを、本当によく目にするようになりました。

初期の就職活動を縮めた「就活」あたりは、いわゆる略語として「就活はじめた？」みたいな感じで学生間で普通に使われていた感じ。

それがだんだん増えていき、婚活、妊活、捨て活、推し活などは明らかに略語というより造語。

そして終活という言葉も作られ、シニア系の雑誌や特集ではひんぱんに目にするようになり、もう何年か経ちます。

私の感覚では「終と活は合わない！」から、やりたくない。

終わりに向かって活動していくなんて難しい、哲学的なことは私には無理です。

先の捨てすぎて鬱っぽくなった知り合いの場合もそうですが、私の場合は終活しすぎたら鬱っぽくなりそうだから、やめる。

身辺整理しておかないと遺される人に迷惑が？

生きている今、老親に鬱々とされる方がよっぽど迷惑じゃない？

私も実家じまい問題というか、これも造語の「負動産」に悩まされはしたけれど、片付けながら小さい頃のことを思い出したり「これは今の家に持って行きたい」という懐かしのお宝を見つけてうれしかったりで、しんどいだけではなかった。

何もかも予定通りにはいかないから「人生は面白い」。

終活も、自分がその気になって「ああ、これを済ませて清々しい」という境地になれるようだったら、そうすればいいんです。

今の私は、おすすめ投資もしないけれど、終活もしません。

どちらにも興味がないし、どちらも得意じゃないから。

70歳を過ぎたら、自分基準で「やめときます」でいいのです。

88

過度な用心

生きてるだけで「大成功」か「まあまあ成功」

最近、あまりに用心しすぎるのはやめたいと思うようになりました。

一番の理由は、疲れるから。

長年生きてきたから、疲れやすくなっていること自体は受け入れているんですが、自ら疲れを生み出すことは減らしたい。

もちろん、地震をはじめとする天災への備えとか、詐欺や空き巣などの人災への備えは、ある程度はしています。

油断する気はさらさらない、です。

ただ、すべての備えができる「究極の用心」なんて存在しないので、どこかからかは「運は天に任せる」の諦念の方に身を寄せた方が、今を大事にできそう。

とりあえず朝、自分の布団から起きて、ひとりで乗り物や店舗を利用したり、誰かとしゃべったり笑ったりして、夜、無事に自分の布団に戻れれば「大成功の一日」だし、何かの検査に引っかかったり、買い忘れがあったり、魚を焦がしたりくらいなら「まあまあな一日」。

最近「生きてるだけで、丸儲け」というフレーズを、若い人たちから聞くことがあって、今の子は悟ってるなーと思うわけですが、私たちシニアにこそドンピシャなフレーズですよね。もともとこれを座右の銘にしていたという明石家さんまさんも年齢的にはシニアのひとり。

若い彼らに言われるまでもなく、今を生きていることに感謝。

空き巣を用心しすぎてずっと留守番してても部屋ですべって転ぶかもしれないし、オレオレ詐欺かと思ったらホントの息子からのうれしい電話かもしれません。

安心して暮らせるに越したことはないけれど、すぐに正解が出ることばかりでない方が、今を楽しめるような気もするのです。

89

マンネリ

食わず嫌いの中に意外とお宝が眠っている

70年以上生きていれば、ほぼ生活はマンネリであふれているような気がするから、敢えて「マンネリやめる」宣言をしてみます。

確かに、手慣れているやり方が安心だし、失敗もないでしょう。「年寄りの冷や水」なんてことわざもあって、確か「江戸いろはかるた」の「と」がこれだったかも。

若い人の真似をして、というか高齢者に不相応なふるまいをすることを警告したり、冷やかしていう言葉ですが、自嘲で年寄り自らが使う場合も多いです。「マンネリ打破」イコール「冷や水オッケー」という図式ではないものの、最近はちょっとは若者を参考にすることで、マンネリ感を脱却してもいいのかな、と思うことがあります。

テレビ番組よりユーチューブで若い人の色々な動画を見るようになったのも、マンネリ解消に役立っています。

例えば、プロのだけでなく、めっちゃうまい若者の新しい音楽やダンスの動画などを観るようになったこと。

少し前までは、ユーミンを筆頭とする同世代のおなじみ曲ばかり聴いていたんですが、それらを今どきの若者が歌うと、またアレンジが新鮮ですてき！　するると、おススメ動画でリアルに今どきの曲が出てきて、「最近の曲は、何言ってるかようわからんから、わしゃ聴かん」みたいな「食わず嫌い」をやめることができました。

本当の「食わず嫌い」である食べ物に関しても、今どきの流行りものも色々と紹介されているから、少し予習して店で注文したり動画見ながら作ってみたり。

まだまだシニアだってマンネリなんて言ってるヒマありませんでした。

90 運転免許更新

惰性でなんとなく……を見直したら、心も晴れ晴れ！

すでに何十年来のペーパードライバーで、形だけのゴールド免許所持者の言うことであると、最初にお断りしておきます。

私にとっては運転免許証は身分証明書でしかなかったんです。車もかなり前に処分して、車検や保険、ガソリン代、駐車代などのすべてが節約できていたし、今後運転することもまずないのに、なんとなく不安で（唯一持っている免許だし）なんとなく更新し続けてきました。ゴールドだから、手間もそうかからず（お金はちょっとかかるけれど）惰性？で都庁まで行っていました。

でも、マイナンバーカード作ったからもう身分証明書はそっちでいいし、70過ぎたから免許更新時に検査義務とかあるのもイヤ、もうやめです。

もし今でも実家に住んでいたら、交通が不便なので、ちゃんと更新してあと10年は運転していたと思う。その必要があれば、シニアでも運転することは、なんら恥じることなく、油断なく、継続してほしいです。

要は、惰性での更新はしない、ということ。

返納手続きもするつもりなし。

何がイヤかといって、お役所言葉や手続きをすること以上にキライなことはない私なので、しなくて済むことはしない。

次の運転免許更新はせず、放っておいてそのまま失効で構わないと決めたら、本当に清々しました。

基本は、徒歩。バスや電車や地下鉄で行けるところは乗り継いで、しんどいときや荷物多めのときはタクシー。

なんだ、免許なくても今と何も変わらないじゃん。

91

バリアフリー

「どう暮らしたいか」の選択権は家ではなく自分自身

終の棲家はどうする？　問題は、誰にもあると思います。

特に我が家のような狭小三階建てなんて、高齢者に親切な建物とはいえないことこの上ないです。

とはいえ、この階段の上り下りを30年近くずっとくり返しているためか、私たちシニア夫婦は、70代にしては比較的脚力があります。

車がないので、公共の乗り物を使うせいもあるかな。

子どもたちも「いくつまでこの三階建てに住めるかな」と心配してくれているし、バリアフリーな作りのマンションとかにも関心がないわけではない。

けれど、高齢者に親切な作りとはいえない我が家に、とても愛着があることも確かなのです。

階段には手すりさえなかったけれど、母が一時暮らしたときにつけたおかげで、今は安心してシニア夫婦で利用しているし、カーペットなどはやめているから、そう転ぶ心配はなさそう。

というより、どんなにバリアフリーな住まいにしても、一歩外に出たら段差だらけだから、家の中にも少しは段差を残しておいた方がいいのかもしれません。

高齢者に優しいのと、甘やかすのはちょっと違います。

あえて危険個所を放置するのはもちろん問題だけれど、その家や暮らし方の個性は尊重されてもいいいんじゃないかな。

そして、本当に夫婦のどちらかが「この家、しんどいよー」となったら、そのときに考えることにします。

お金をかけてバリアフリーにしたのだから絶対に住み続けなくちゃならない……となるとかえって負担かも。主体は家でなく、住む我々にあるはずですから。

92

いつか使うから……

今、使う。毎日、使う。何気ない日常をハレの日に

捨てすぎはやめると書きましたが、捨てられなすぎも困ったもの。

私自身は、捨てられる人かどうかを、客観的に三段階（松竹梅）に分ければ、間違いなく竹の人（笑）。徹底的には捨てられないですね。

とはいえ、もともとそんなに買い物そのものが好きな方でないのも幸いして、大量に捨てられる「松」でなくても、何でも溜め込む「梅」にならずにスッキリ系の空間を保てています。

それと昭和一桁生まれの母が「いつか使うから……」と取っておいたものがどっさり残されていた実家の片付けをして以来、私自身は「いつか使うから……」をやめる！　とキッパリ決めることができた気がします。

この件に関しては、身近に反面教師がいたということになるのでしょうか。

そして、捨てないなら使うのみ。

気合を入れるために自分にかける言葉は「いつかっていつ来る？」。

で、母の遺した（かなり高価なものも含まれている）塗りや作家ものの器は、「いつか」でなく「今」自分用にドンドン使うことにしました。

あり合わせのおかずでも「いつか使うから……」と桐箱に長いことしまわれていた器に入れるようにしたら、すごく引き立つ。

平凡なお菓子も、一気におしゃれに見える。

もしかして私が使っている今が、母の言う「いつか使うから……」だったとしたら、母は預言者？　千里眼？　究極のロマンチスト？

いずれにせよ、70越したら「いつか」の範囲は大きくはないはずなので、何事においても「今」にシフトチェンジするに限る、ということです。

第7章

自分らしくありたいので

――こんな〈ごまかし〉をやめる

93

加工

70歳が70歳のまますてきでいればいいじゃない？

今や携帯のカメラの加工・編集技術はすごくて、公開されているインスタやブログの写真など「ほぼ作品」と化しているものを多く見かけます。

そりゃ、シワやシミもない方がいいし、ほうれい線もねー。

まあ、ごまかし願望もその程度で済んでいるうちはかわいいものですが、ほぼ原形をとどめないほどの加工になると、リアルな自分との折り合いが難しくならないのかなぁ。

我々シニア世代は、もうそんなに加工してまで「若くきれいに」願望は少ないのかもしれないと思うけれど、昔から「美人」と言われてきた人とかは、そう簡単なものじゃないのかもしれませんね。

そういう意味では、「美人の人生」を生きてきたわけでないままシニアになった私は、加工をやめるとか全然大丈夫。

静止画面で加工したところで、動くとモッサリしてたら意味ないし、表情とか声とかこそ年齢が出やすいから、そっちは「加工でなく」気をつけたいです。

背筋を伸ばし、口角をあげて不機嫌な表情にならないようにする。そして、声も口先だけでなくお腹から出すようにしたい。

若く見られたいというより、元気でご機嫌なシニアでいるためのちょっとした努力ということでしょうか。

実際、他人はそんなに「この人は何歳なんだろう」とか気にしていないし、加工することで「若く見せたいのも行きすぎると痛々しい」という残念な結果になる。それより、その年ならではのすてきを目指したいです。

70歳が70歳に見えて何が悪い！

そう言えるシニアの方が、カッコイイと思います。

こんな世の中だから……

どんな時代でも、自分規模の貢献から！

テレビのニュース見すぎの知り合いの口癖がこれ、「こんな世の中だから……」です。

こんな世の中って、どんな世の中なんだ？

地球規模で考えても、国内規模で考えても、確かにやり切れないような出来事はたくさんあります。だからといって、今の自分の不安や不満とそれらがすべて直結しているわけじゃないから、「こんな世の中」とざっくりネガティブに評するくらいなら、「足元のごみを拾え」というのが、私なりの考えです。

足元、つまり自分の生活圏内を見てみる。最近の値上げ対策を考えると、「見切り品」を買うことで食品ロスの減少につながるかもしれないし、水道光熱費の高騰対策として節電や水の浪費を抑える暮らしぶりは、ほんのちょっとだけど地球に優しくなっている？

ボランティアや色々な形の支援の方法も見つけられるのが、この情報過多時代のいい面でもあるから「こんな世の中」と言っているヒマがあったら「シニアボランティア　地域名」などで検索をかけてみてもいい。

時代小説が好きな私なんですが、当時の暮らしをそのまま今に持ってきて「一週間やってみて」と言われたら、絶対に音を上げると思います。

「こんな世の中」と言いつつ、すぐに宅配は届き、シニアがひとり歩きできるレベルの清潔さや治安が保たれている環境にいられることを「そんなの当たり前」と感じるとしたら、ちょっと自分勝手かもしれないと思うわけです。

こんな世の中だから……嘆いたり、怒ったりするだけでなく、動いたり楽しんだりしましょう。

こんな世の中だから……こそ、ごまかさず自分のものさしで暮らしたいです。

95

誰かの受け売り

素直に感じたことこそ栄養たっぷり

コメンテーターや評論家の受け売りは、やめます。

「こんな世の中だから……」でも言いたかったことですが、そんなに評論しなくてもよくない？　と普通に雑談をしながら感じること多しのこの頃です。

もともと、雑談があまり好きじゃないのもあるけれど、時間の無駄遣いと思うんですよねー、評論家っぽいというか誰かの受け売り。

何がイヤか、というと「誰々が言ってたけど」がつくので、自分の意見じゃないから最終的には責任取らなくていい感があふれ出ている。

その誰々に権威があろうが、見識があろうが「あなた自身はそれに対してどう思うの？」の方なら、ちょっとは聞いてもいいかな。

ほんと、すべてにおいて単なる受け売りはやめたい。せっかく70年以上生きてきたのだから、自分の経験や体感をもっと尊重してあげてはどうですか？

と言いつつ、ご意見番みたいなのもなりたくないなぁ。

憧れるのは、飄々とした少し仙人テイストが入ったご老人の佇(たたず)まい。

ごまかしたり見栄はったりとは対極にいる、自然体の自分になれるなら、これからの歳月も無駄じゃない気がします。

おいしいものも、おしゃれやおしゃべりも、誰かの真似や受け売りじゃなく、自分でじかに感じて感激して、まずは自分の中の「栄養」や「エネルギー」にする。

「おススメのおいしいモノありますか？」と聞かれたとしたら、自分の中の抽斗から、いくつかおいしいモノの名前やエピソードが出せたら、とってもうれしいです。

そして聞いた相手が、実際にそれを食べるかどうかの問題は、その人の人生の問題だから、気にすることなく抽斗をそっとしめる……。

こんなシニア、只者じゃなくカッコイイなぁ。

96

失敗を隠す

失敗のおかげで工夫できる。まだまだ伸び代あり

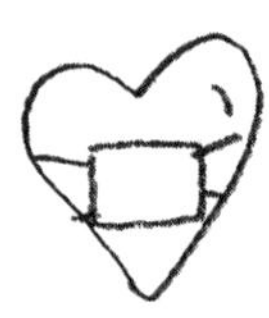

昨日までできなかったことができる幼児と、昨日までできたことができなくなる高齢者、どちらも通るのが人生なんでしょうね。

90代を経験した父母も、やはりつい最近までできたことを失敗するようになると、娘の私には隠すことが多かったです。

仕方ないことだと思うし、介護のプロの前では（ほぼ）正直にできないことを認めていたから、その辺のデリケートな気持ちは分かります。

親は、こういうことも、子に教えていくのかな……。

時が経った今は、そんなふうに考えられるようになりました。

70代の今は、まだ90代とは失敗のレベルが違うから、たとえ何か失敗したと

しても隠したりせず暮らせていますが、その年になってみないと本当のところは分かりません。

ただ、私個人はこれからも失敗を隠すのはやめたいです。

それは「失敗が悪いこと」とは思っていないから。

できないことや失敗には、理由があるわけで、隠されたり隠したりすると、解決方法が見つかりません。

「失敗があるから、工夫できる」、そう考えたいです。

体裁や見栄より、少しでも暮らしやすく自分なりの快適を求めるなら、失敗は隠さずに家族やプロと相談しつつ、方法を見つけたいと思います。

きれいごとに聞こえるかもしれないけれど、ここでごまかさないで周りの人たちも自分も信用できるシニアでありたいです。

そして、もしかして、一度できなくなったことがまたできるようになったとしたら、とてもうれしく誇らしく思えるのではないでしょうか。

97

友人の数

少数精鋭のほうが寂しくない

友人の数にこだわるのはやめました。

私の場合は、同級生、かつての職場の友、趣味友などがいますが、現在は実際に連絡を取り合って会う友人はごく少数です。

昔は、同じ絵の研究所出身である夫との共通の友も含めて、賑やかに過ごす時間も多かった。誰もが若かったし、みんな今より寂しがりだったような気がします。

年を取ると、あまりに賑やかなのは疲れる代わりに、ひとりでいてもそれなりにすることがあって、誰かと会わないと寂しい……という気持ちも減ったかな。

まあ、老夫婦なりの会話はあって、共通の友達もけっこういたから、

夫「ほら、あの、あいつ名前はなんだっけ。いつも映画の話、してさ」

私「えーっと、苗字に田がつかなかった?」

夫「田は多いよな……吉田?　あっ吉野?」

私「田じゃないじゃん、で何の話だっけ?」

みたいな「?」だらけの会話をしょっちゅうやっています。

60代後半からは、友人の訃報もチラホラ。70からの歳月は、もっとそういう機会は増えるでしょうが、そんな寂しい体験も含めて友人の数にこだわるのはやめたいです。

会わなくても、会えなくなっても懐かしい友人たちは、かけがえのないもの。今は苗字がすぐ思い出せなくても、かつて楽しかったことがなくなるわけじゃないし、大切な友であることに変わりない。

先に(189ページ)「自分と友達になれば、孤独になることはありません」という(誰かの)名言を書きましたが、まずは自分のこれまでの多くの友たちとも過ごしてきた歳月を否定しないで、今の自分と仲良くしていきたいです。

98

陰気

陽気は美徳。となりの人にも伝播する

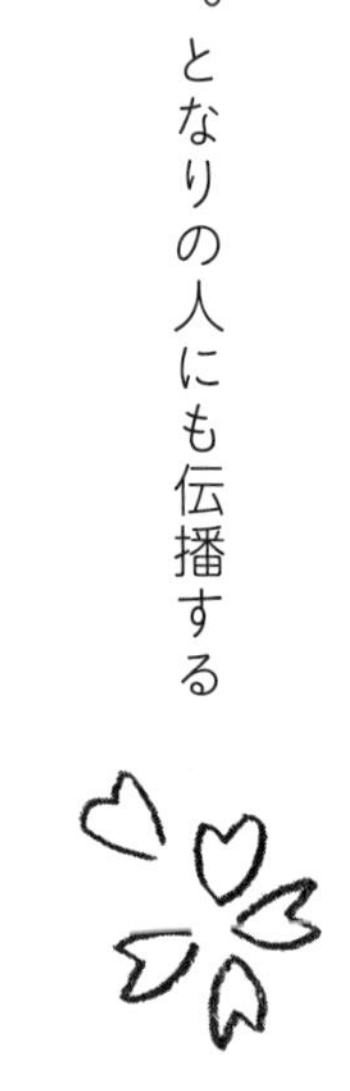

これまでに影響を受けた女性作家はたくさんいるのですが、ダントツのおふたりがいて、まずは宇野千代先生のお話をしたいと思います。
今、住んでいる狭小三階建てに愛着があるのは、かつて宇野千代先生が住まわれていた町だから。98歳で亡くなるまで、おしゃれを楽しみ、仕事を楽しんだ天晴れな人生でした。残念ながら、生前にお目にかかることはできませんでしたが、たくさんの著書のほとんどを読み、勝手に「師」と仰いでいるので、いつも先生と書かせていただいています。
さて、そんな宇野千代先生の言葉の中でも、私が一番大切にしている名言中の名言が「陽気は美徳、陰気は悪徳」というものです。

この名言と出会って以来、陰気はやめました。

先生は著書『幸福の法則一日一言』で、こんなふうにも書かれています。

「陰気はどんなに小さな陰気であっても、すべての人に感染（うつ）るものであるから、夢にも、陰気の気持ちを持ってはならない。陽気な人が好かれるのは言うまでもない」

そう、陰気をやめれば陽気になれるし、すぐにとなりの人に感染し、その場が陽気になります。笑いの絶えないシニアたちの輪の中に陰気な人はまずいない、そう思いませんか？

また、こんな言葉も残されているので、紹介しておきます。

「私は勿論、不幸は好きではない。しかし正確に言うと、自分を不幸だと思うことの方が、もっと好きではない。私が一番嫌いなのは、そう大して不幸でもないのに、自分をよっぽど不幸だと思わないと安心出来ないような人である」

沁みますねー。

99

全部自分で

人さまの手を借りてニコニコしていよう

さて、影響を受けた女性作家ダントツのもうおひとかたは、おせいさんこと田辺聖子さんです。

すでに紹介させていただいた『人生は、だましだまし』ですが、どうしても引用したい部分があるので、書き出してみたいと思います。

この文「老いぬれば」を書いたときのおせいさん、73歳。当時、96歳のお母様と車椅子に乗った「カモカのおっちゃん」こと夫の川野純夫氏の介護を（ご本人曰く、公的機関や私的な人々の手を借りながら）なさっていました。そこに至る経過は、ここからは地の文で……。

「私は現在のようにたくさんの人々の手を借りるまでは、できるかぎり自分の手で、と思い、介護も家事も仕事もこなしていた。そうして日常万端手落ちなく、ことはこんでいると自負し、二年ほどたった。そのうちだんだん、なぜか妙に怒りっぽくなる」

で、おせいさんが作った箴言(しんげん)が、

「老いぬればキレやすし」

ここからは、私の言葉で書かせていただきますが、よくよく考えてみるとどうも怒りっぽくキレやすくなったのは「老いた」からでなく、全部自分でやろうとして、慢性睡眠不足と疲労がたまったせいだと気づきます。

さすがおせいさん、即座に「全部自分でやる」のをやめて、いそぎ人手を調達して自分の負担を減らしてちゃんと寝たら、体調も気持ちもすっかり回復し「人の性格も体調次第」と悟るのでした。

確かに、「全部自分で」と意固地になるのはやめたい。

また、ええこと教えていただきました。おせいさん、おおきに！

100

やめたいことすべて

この先に「面白いことあれこれ」が待っている

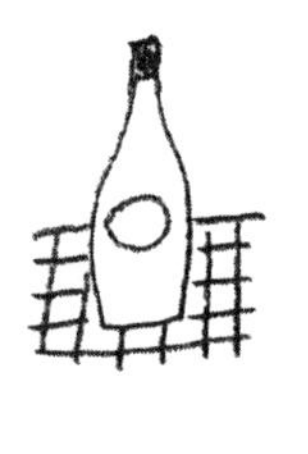

さてと、いよいよラストまで来ました。

「途中で、やめること書くのやめたくならなかった？」と自問自答してみたんですが、意外につらくなかったです。

つらくはなかったけれど、後半はかなり減っているラミネートチューブの歯磨きやマヨネーズの容器を見ると、我がことのよう。

残り少ない中身をしぼりつくすだけって感じ。

確かに100本もの原稿を書くのは久しぶりでした。

もう病み上がりという時期は過ぎましたが、こんなに頭を使ったのは久しぶりなので、何か妙に覚醒して活力が出て「潰瘍切ったら、そんなに元気になるものなの」と知り合いが呆れているほどです。

さて、ここまで読んでくださった方、自分が思う「やめたいこと」と一致しているものもあれば、そうでないもの、あるいは「これをやめないの？」ということもあるかと思います。

そう、みんな違ってみんないい！

だから、ぜひ「自分がやめたいことすべて」やめるつもりで、「やめたいことリスト」を改めて作ってみてください。

「したいことを見つける」のもシニアライフにとって、有益だと思いますが、ここまでの体験から導き出した「やめるぞ」こそ、とっても有意義で有益だと思います。

「やめたいことすべて！」の向こうには、「何だか面白いことあれこれ！」が待っている気がします。

あとがき

やめるのって、すごくクリエイティブ

ここまで、100編ものエッセイをお読みいただき、ありがとうございました。

「活字離れ」と言われ始めてから、そうとうの歳月が過ぎました。

動画のなかに、本要約チャンネルというジャンルがあるのを知り、いくつか視聴しましたが、これはこれで意味があるのだろうな、と思ったシニアなんですが、やはりページをめくりつつ、時々前のページに戻ったり、しばし感慨に耽(ふけ)ったりできる読書時間はすてきです。

今回、一番心配だったのは、締め切りまで無事に体が言うことを聞いてくれるかどうか、ということでした。

「体調悪しで残念ですけど、この本書くのをここでやめます」になるのだけは絶対避けたかったから、いつも以上に規則正しく健康的な日々を過ごしました。

おかげさまで、あとがきを書いている71歳になった私はとても元気です。

有言実行で「やめた」ことも多いので、最近はかえって色々なチャレンジもできる余裕が生まれ、やめることはクリエイティブだと、改めて感じています。

さて、本の顔であるカバーをとてもすてきに仕上げてくださった轡田昭彦さん、マツモトヨーコさんにスペシャルサンクスを！

加えて一本書くたびに「ちょっと」と呼ばれては音読の聞き手になり、100のカットも描いてくれた夫、松本孝志にも感謝です。他にも多くの人の手を借り、『70歳を越えたらやめたい100のこと』はできました。紙面をお借りして感謝の気持ちをお伝えしたいと思います。

活字離れはやめて、我慢や心配もできる限りやめて、広々とした心に新たな絵を描いていきましょう！

では、「さよなら」はやめて、「またお目にかかれるのを楽しみに☆」

中山庸子

やめると人生ラクになる

70歳を越えたらやめたい100のこと

発行日　2024年7月10日　第1刷

著者　中山庸子

本書プロジェクトチーム

編集統括	柿内尚文
編集担当	小林英史
デザイン	轡田昭彦＋坪井朋子
編集協力	深谷恵美
カバーイラスト	マツモトヨーコ
本文イラスト	松本孝志＋中山庸子
校正	植嶋朝子
営業統括	丸山敏生
営業推進	増尾友裕、綱脇愛、桐山敦子、相澤いづみ、寺内未来子
販売促進	池田孝一郎、石井耕平、熊切絵理、菊山清佳、山口瑞穂、吉村寿美子、矢橋寛子、遠藤真知子、森田真紀、氏家和佳子
プロモーション	山田美恵
講演・マネジメント事業	斎藤和佳、志水公美
編集	栗田亘、村上芳子、大住兼正、菊地貴広、山田吉之、大西志帆、福田麻衣
メディア開発	池田剛、中山景、中村悟志、長野太介、入江翔子
管理部	早坂裕子、生越こずえ、名児耶美咲
発行人	坂下毅

発行所　株式会社アスコム

〒105-0003
東京都港区西新橋2-23-1　3東洋海事ビル
編集局　TEL：03-5425-6627
営業局　TEL：03-5425-6626　FAX：03-5425-6770

印刷・製本　日経印刷株式会社

Printed in Japan ISBN 978-4-7762-1351-2